essentials

Essentials liefern aktuelles Wissen in konzentrierter Form. Die Essenz dessen, worauf es als „State-of-the-Art" in der gegenwärtigen Fachdiskussion oder in der Praxis ankommt. *Essentials* informieren schnell, unkompliziert und verständlich

- als Einführung in ein aktuelles Thema aus Ihrem Fachgebiet
- als Einstieg in ein für Sie noch unbekanntes Themenfeld
- als Einblick, um zum Thema mitreden zu können

Die Bücher in elektronischer und gedruckter Form bringen das Fachwissen von Springerautor*innen kompakt zur Darstellung. Sie sind besonders für die Nutzung als eBook auf Tablet-PCs, eBook-Readern und Smartphones geeignet. *Essentials* sind Wissensbausteine aus den Wirtschafts-, Sozial- und Geisteswissenschaften, aus Technik und Naturwissenschaften sowie aus Medizin, Psychologie und Gesundheitsberufen. Von renommierten Autor*innen aller Springer-Verlagsmarken.

Lars Winkler · Mirko Bendig ·
Michael Broens

Herausforderungen und Erfolgsfaktoren deutscher Inhouse Consulting-Einheiten

Eine empirische Studie

Lars Winkler
Schwerin, Deutschland

Michael Broens
IU Internationale Hochschule
Lauda-Königshofen, Deutschland

Mirko Bendig
IU Internationale Hochschule
Hamburg, Deutschland

ISSN 2197-6708   ISSN 2197-6716 (electronic)
essentials
ISBN 978-3-658-48349-4   ISBN 978-3-658-48350-0 (eBook)
https://doi.org/10.1007/978-3-658-48350-0

Die Deutsche Nationalbibliothek verzeichnet diese Publikation in der Deutschen Nationalbibliografie; detaillierte bibliografische Daten sind im Internet über https://portal.dnb.de abrufbar.

© Der/die Herausgeber bzw. der/die Autor(en), exklusiv lizenziert an Springer Fachmedien Wiesbaden GmbH, ein Teil von Springer Nature 2025

Das Werk einschließlich aller seiner Teile ist urheberrechtlich geschützt. Jede Verwertung, die nicht ausdrücklich vom Urheberrechtsgesetz zugelassen ist, bedarf der vorherigen Zustimmung des Verlags. Das gilt insbesondere für Vervielfältigungen, Bearbeitungen, Übersetzungen, Mikroverfilmungen und die Einspeicherung und Verarbeitung in elektronischen Systemen.
Die Wiedergabe von allgemein beschreibenden Bezeichnungen, Marken, Unternehmensnamen etc. in diesem Werk bedeutet nicht, dass diese frei durch jede Person benutzt werden dürfen. Die Berechtigung zur Benutzung unterliegt, auch ohne gesonderten Hinweis hierzu, den Regeln des Markenrechts. Die Rechte des/der jeweiligen Zeicheninhaber*in sind zu beachten.
Der Verlag, die Autor*innen und die Herausgeber*innen gehen davon aus, dass die Angaben und Informationen in diesem Werk zum Zeitpunkt der Veröffentlichung vollständig und korrekt sind. Weder der Verlag noch die Autor*innen oder die Herausgeber*innen übernehmen, ausdrücklich oder implizit, Gewähr für den Inhalt des Werkes, etwaige Fehler oder Äußerungen. Der Verlag bleibt im Hinblick auf geografische Zuordnungen und Gebietsbezeichnungen in veröffentlichten Karten und Institutionsadressen neutral.

Springer Gabler ist ein Imprint der eingetragenen Gesellschaft Springer Fachmedien Wiesbaden GmbH und ist ein Teil von Springer Nature.
Die Anschrift der Gesellschaft ist: Abraham-Lincoln-Str. 46, 65189 Wiesbaden, Germany

Wenn Sie dieses Produkt entsorgen, geben Sie das Papier bitte zum Recycling.

Was Sie in diesem *essential* finden können

- Eine Abgrenzung von interner und externer Beratung.
- Eine qualitative Studie zu Erfolgsfaktoren und Herausforderungen des Inhouse Consultings.
- Handlungsempfehlungen für die Gestaltung von Inhouce Consulting Units.

Gender Disclaimer

Zur besseren Lesbarkeit wird in diesem Essential das generische Maskulinum verwendet. Wir möchten jedoch hervorheben, dass grundsätzlich alle, also Frauen und Männer, Inter- und Trans-Personen sowie auch jene, die sich keinem Geschlecht zuordnen wollen oder können, gleich gemeint sind.

Interessenkonflikte Die Autor*innen haben keine für den Inhalt dieses Manuskripts relevanten Interessenkonflikte.

Inhaltsverzeichnis

1 Einleitung 1
   1.1 Problemstellung und Relevanz 1
   1.2 Forschungsfragen und Ziele 3

2 Theoretischer Hintergrund 5
   2.1 Definition und Abgrenzung von Inhouse Consulting 5
   2.2 Gestaltungselemente einer Beratungsunit 8
   2.3 Erfolgsfaktoren des Inhouse Consultings 13
   2.4 Herausforderungen des Inhouse Consultings 14

3 Forschungsmethodik 17

4 Forschungsergebnisse 19
   4.1 Erfolgsfaktoren für die Effektivität im Inhouse Consulting 20
   4.2 Herausforderungen für die Effektivität im Inhouse Consulting ... 28

5 Fazit 31
   5.1 Zusammenfassung und Implikationen für die Praxis 32
   5.2 Limitationen der Studie und Ausblick 36

Was Sie aus diesem *essential* mitnehmen können 39

Literatur 41

Einleitung

1.1 Problemstellung und Relevanz

Die Welt ist im Wandel. Es ist von VUKA-Zeiten die Rede. Das Akronym VUKA steht dabei für die Begriffe Volatilität, Unsicherheit, Komplexität und Ambiguität (Maier, o. J.) und wird in der Literatur häufig zur Beschreibung der dynamischen und vielschichtigen Welt verwendet. Unternehmen stehen unter wachsendem Veränderungs- und Kostendruck und müssen kontinuierlich Anpassungsprozesse durchlaufen – von kleinen Prozessoptimierungen bis hin zur vollständigen Geschäftsmodelltransformation, um im globalen Wettbewerb zu bestehen (von Ameln, 2015b, S. 13; Pichler, 2011, S. 22). Viele Strukturen und Prozesse, die über Jahre erlernt und perfektioniert wurden, können die Anforderungen der heutigen Welt nicht mehr bedienen. Die Notwendigkeit der kontinuierlichen Anpassung an die Umweltbedingungen lässt das klassisch-hierarchische Organisationsmodell an seine Grenzen stoßen. Lange Kommunikations- und Entscheidungswege stehen in VUKA-Zeiten schnellen Reaktionen im Weg (von Ameln, 2015b, S. 13).

Für Unternehmen bedeutet das, Change Management als priorisierte strategische Aufgabe zu behandeln (von Ameln, 2015b, S. 17), ohne das Kerngeschäft zu vernachlässigen. Die Voraussetzung zur Erfüllung dieser Aufgabe ist die Frage der Ressourcen (Zeit, Aufmerksamkeit, Geld, Kompetenz). Vor diesem Hintergrund arbeiten viele große Organisationen daran, ihre Fähigkeiten und Kapazitäten zur Bewältigung umfangreicher, komplexer und parallellaufender Veränderungsprozesse auszubauen und zu flexibilisieren (von Ameln, 2015b, S. 13). Eine mögliche Lösung stellt der Aufbau einer Inhouse Consulting Unit (ICU) dar.

ICUs sind interne Beratungsabteilungen oder eigenständige Unternehmen, die in den Strukturen der jeweiligen Organisationen angesiedelt sind (Galal et al., 2009, S. 1). ICUs werden als Kompetenz-Center von Unternehmen für die Themen Transformation, Veränderung und Optimierung angesehen. Sie beraten, unterstützen und initiieren Veränderungen in Unternehmen, indem sie ihr Knowhow, ihre Methodenkompetenz und ihre Prozesssicherheit zur Verfügung stellen. Interne Beratungen sind somit Dienstleister für eine bestimmte Organisation. Laut von Ameln (2015b, S. 7) können sie einen wichtigen Beitrag zum Austarieren des oben genannten Spannungsfeldes leisten.

Die Motive für die Gründung oder Erweiterung solcher Einheiten sind vielfältig. Ein Argument ist die Reduzierung der Ausgaben für Beratungsdienstleistungen (Büchsenschütz & Baumgart, 2005, S. 26; Schmidt et al., 2000, S. 261; von Ameln, 2015b, S. 6). Interne Beratungen arbeiten etwa 30 % günstiger als externe Beratungen (von Ameln, 2015b, S. 6 f.). Auch wenn die Leistung gleichermaßen vergütet werden würde, ergeben sich aufseiten der ICUs weitere Vorteile. So bleiben die Kosten, die das beauftragende Unternehmen zahlen müsste, durch die organisationale Zugehörigkeit der ICU in der Organisation. Hinzu kommt, dass viele Unternehmen mit der Arbeit externer Beratungen unzufrieden sind, da die Nähe und das Verständnis über Unternehmensspezifika, wie die Prozesse und die Kultur fehlen. Daraus resultieren Veränderungskonzepte, die nicht oder nur mit viel Aufwand umsetzbar sind. ICUs hingegen kennen das Unternehmen und die Kultur, da sie ein Teil davon sind (Galal et al., 2009, S. 14).

Interne Berater werden häufig als Kollegen wahrgenommen, was ihre Anschlussfähigkeit sowie die Akzeptanz ihre Tätigkeit erhöht. Im Gegensatz zur externen Beratung sind Inhouse Consultants häufig auch in den Implementierungsprozess der Veränderungsmaßnahmen eingebunden, was die Annahme stützt, dass eine stärkere Verantwortung für die Projektergebnisse und deren langfristige Nachhaltigkeit übernommen wird (von Ameln, 2015b, S. 7). Aufgrund der detaillierten Kenntnis der internen Strukturen, der Unternehmenskultur sowie der relevanten Akteure verfügen interne Berater über ein hohes Maß an organisations- und branchenspezifischem Wissen. Dies verkürzt Einarbeitungsphasen, ermöglicht eine präzisere Einschätzung der Handlungsspielräume und fördert die Entwicklung maßgeschneiderter Lösungen (Galal et al., 2009, S. 286). Zudem verfügen Inhouse Consultants über weitreichende organisationsinterne Netzwerke, die es erleichtern, die relevanten Stakeholder frühzeitig und gezielt in den Prozess einzubinden. Interne Beratungseinheiten verringern im Gegensatz zu externen Beratungen das Risiko eines potenziellen Wissensabflusses an konkurrierende Unternehmen (von Ameln, 2015b, S. 7).

Die dargelegten Faktoren sowie die steigende Relevanz kontinuierlicher Veränderung der Organisationen haben ICUs in den letzten Jahren an Bedeutung gewinnen lassen (Chen et al., 2019, S. 72 ff.; Ejenäs & Werr, 2011, S. 14). Vor allem in großen deutschen Unternehmen und Konzernen finden interne Beratungsabteilungen eine zunehmende Verbreitung. Laut einer Studie von Galal, Richter und Steinbock (2010) verfügen mittlerweile ca. 70 % der DAX 30- Unternehmen über eine interne Beratungseinheit. Insgesamt schätzen sie die Anzahl deutscher ICUs auf 100 bis 150. Bei einer stark variierenden Größe von fünf bis 160 Beratern pro ICU wird eine Gesamtanzahl von etwa 1800 bis 2500 angestellten Beratern in Deutschland angenommen (Galal et al., 2009, S. 284). Die Entwicklung spiegelt sich auch im Umsatzwachstum sowie im Anteil der Vergabe von Projekten an ICUs wider. So zeigt die Studie von Galal et al. (2010) auch, dass 40 % der früher extern eingekauften Beratungsdienstleistungen intern erbracht wird (von Ameln, 2015a, S. 1). Aktuelle Zahlen, die die Studie und Prognose von Galal et al. (2010, S. 28) bestätigten, liegen nicht vor. Es wird angenommen, dass Inhouse-Beratungen kein zeitlich begrenztes Phänomen darstellen, sondern vielmehr eine fest etablierte Gattung in der Beratungsbranche sind.

Trotz der hohen Beliebtheit in deutschen Konzernen und der möglichen Chance, die organisationale Veränderungsfähigkeit voranzutreiben, liegen Publikationen über die interne Beratung – und insbesondere deren geeignete Ausgestaltung – nur in geringem Ausmaß vor (Deelmann & Petmecky 2012; Schlüter 2009; Niedereichholz & Niedereichholz 2010).

1.2 Forschungsfragen und Ziele

Aufgrund der begrenzten Datenlage und fehlenden Aktualität der Literatur ist das Ziel dieser Arbeit die Zusammenhänge zwischen strukturellen Aspekten der ICUs und deren Effektivität empirisch zu beleuchten und so ein tieferes Verständnis für die Erfolgsfaktoren als diejenigen Elemente, die effektives Verhalten hervorrufen und verstärken, und Herausforderungen des Inhouse Consultings in deutschen Großunternehmen zu schaffen.

Im Rahmen der Arbeit wurden qualitative, leitfadengestützte Experteninterviews mit zwölf Inhouse Consultants aus elf ICUs in neun Konzernen geführt. Die Untersuchung basiert auf folgenden Leitfragen:

1. Welche Erfolgsfaktoren sind für die Effektivität von Inhouse Consulting Units (ICUs) in deutschen Großunternehmen entscheidend? Und welche Gestaltungselemente fördern diese Faktoren?
2. Mit welchen Herausforderungen sind Inhouse Consulting Einheiten konfrontiert und wie wirken sich diese auf die Effektivität aus?

Die Ergebnisse der Untersuchung geben für die Praxis eine Orientierung, wie ICUs optimal strukturiert und geführt werden können, um ihre Effektivität innerhalb des Unternehmens zu steigern. Gleichzeitig sind sie für die theoretische Weiterentwicklung des Beratungsfeldes von Bedeutung.

Theoretischer Hintergrund 2

2.1 Definition und Abgrenzung von Inhouse Consulting

Unternehmensberatung ist eine von vielen Beratungsformen, die in der Wirtschaft angeboten werden. Inhaltlich anders gelagert ist beispielsweise die juristische Beratung. Unternehmensberatung ist hierbei eine helfende Tätigkeit, bei der Unternehmen und ihren Mitgliedern ein Rat gegeben wird. Da der Begriffskontext der Unternehmensberatung mit seinen Ausprägungen wie „Unternehmensberater", „Beratung", „Consulting" nicht geschützt ist, wird er häufig auch unterschiedlich interpretiert und weist keine einheitliche Definition auf (Deelmann & Petmecky, 2012, S. 158).

Aus diesem Grund hat Lippold (2018, S. 7) acht konstitutive Merkmale des Tätigkeitsbereiches der Unternehmensberatung formuliert:

1. Art der Tätigkeit: überwiegend entgeltliche, individuelle und höherwertige professionelle Dienstleistungen
2. Ausführende: eine oder mehrere qualifizierte Personen
3. Adressat der Tätigkeit: Unternehmen/Organisationen
4. Inhalte: bedürfnisorientiert, beinhalten die Identifikation, Definition und Analyse von Problemstellungen sowie die Entwicklung von unabhängigen Empfehlungen, die Planung, Erarbeitung, Umsetzung und Kontrolle von Lösungsansätzen
5. Ziel: Fähigkeit des Kunden, das zugrunde liegende Problem zu lösen, zu verbessern
6. Gegenstand der Tätigkeit: strategische, organisatorische und prozessuale Fragestellungen des Unternehmens sowie Verfahren oder Methoden

7. Dauer: zeitlich befristet
8. Voraussetzung: Berater mit entsprechender Expertise und Erfahrung

In Anlehnung an Fink (2009, S. 3) und Nissen (2007, S. 3) sowie seine acht konstitutiven Merkmale definiert Lippold (2018, S. 7) den Begriff daher wie folgt:

> „Unternehmensberatung ist eine eigenverantwortlich, zeitlich befristet, auftragsindividuell und zumeist gegen Entgelt erbrachte professionelle Dienstleistung, die sich an Organisationen mit dem Ziel richtet, Problemstellungen zu identifizieren und zu analysieren und/oder Handlungsempfehlungen zu erarbeiten, um den Kunden bei der Planung, Erarbeitung und Umsetzung von Problemlösungen zu unterstützen bzw. dessen Fähigkeiten zur Bewältigung des zugrunde liegenden Problems zu verbessern."

Jeschke (2004) sowie Niedereichholz und Niedereichholz (2010) haben ihren Arbeiten eine ähnliche Definition zugrunde gelegt. Wobei Jeschke (2004) zusätzlich die Berücksichtigung der ethisch-moralischen Vorgehensweise der Tätigkeit hervorhebt. Niedereichholz und Niedereichholz (2010) hingegen konkretisieren die Beratungsgegenstände, wie beispielsweise Strategie, Kultur, Organisation und Prozesse.

Kern der Unternehmensberatung ist es, eine betriebliche Veränderung bzw. eine betriebliche Verbesserung zu erzeugen. Daher könnte Consulting auch als Unterstützung zur erfolgreichen Bewältigung des Wandels definiert werden (Lippold, 2018, S. 7). Hervorzuheben ist dabei das Wort „Unterstützung". Denn die beratende Instanz hat keinen direkten Einfluss darauf, inwieweit die eigenen Vorschläge und Impulse umgesetzt werden. Die finale Entscheidungshoheit und somit die direkte Veränderung liegt beim Kunden bzw. der Organisation selbst, die beraten wird (Block, 1997, S. 11).

Insgesamt besteht Konsens darüber, dass Unternehmensberatung eine professionelle Dienstleitung (engl. Professional Service) ist, die durch einen oder mehrere Personen umgesetzt wird. Somit handelt es sich beim Consulting um ein „People Business" (Lippold, 2018, S. 13). „People Business" bedeutet, dass beim Geschäftsmodell Beratung der menschliche Faktor im Mittelpunkt steht und die Mitarbeiter den Hauptteil zur Wertschöpfung beitragen.

Unternehmensberatungen können bzgl. ihrer Verankerung in übergreifenden organisationalen Strukturen differenziert werden. Dabei wird primär in interne Unternehmensberatung und externe Unternehmensberatung unterschieden. Ähnlich wie der Beratungsbegriff wird auch der Begriff „Interne Unternehmensberatung" bzw. „Inhouse Consulting" als Oberbegriff für eine Vielzahl heterogener Institutionen verwendet (Knödler et al., 2015, S. 4). Wesentliches Unterscheidungskriterium zur externen Beratung ist der Ort, an dem die Beratung

2.1 Definition und Abgrenzung von Inhouse Consulting

angesiedelt ist. Wie der Name suggeriert, ist die interne Unternehmensberatung innerhalb einer Organisation angesiedelt und erbringt für diese Beratungsdienstleistungen (Ennsfellner et al., 2014, S. 16). Häufig werden Inhouse Consulting Units (ICUs) in eigene Tochterfirmen ausgelagert (ebd.). Es gibt aber auch andere Gestaltungsmöglichkeiten.

Externe Beratung hingegen wird durch unabhängige Unternehmen durchgeführt, die von außen engagiert werden, um zeitlich begrenzt mit einer Organisation oder einzelnen Abteilungen zusammenzuarbeiten und diese zu beraten. Die Berater stehen somit außerhalb des Unternehmens und sind damit frei von betrieblichen Sachzwängen (Ennsfellner et al., 2014, S. 16).

Das Tätigkeitsfeld des Consultings ist dabei vielfältig. Es reicht von klassischer Managementberatung über die Prozess- und IT-Beratung bis hin zur Begleitung von Outsourcing-Prozessen (Lippold, 2022, S. 83 ff.). Übergeordnet lassen sich vier Kernberatungsgebiete definieren:

1. Strategie- und Managementberatung: Strategie- und Managementberatung konzentriert sich auf langfristige, globale Fragestellungen, wie die strategische Ausrichtung und die Optimierung des Geschäftsmodells. Daher ist hier häufig auch nur das oberste Management Kunde (Lippold, 2018, S. 20).
2. Organisations- und Prozessberatung: Organisations- und Prozessberatung fokussiert operative, kurzfristig orientierte Optimierungsvorhaben (bspw. Einführung agiler Prozesse, Anpassung von Teamstrukturen) (Lippold, 2022, S. 87 f.).
3. IT-Beratung: IT-Beratung zielt darauf ab, den Einsatz der Informations- und Kommunikationstechnologie zu optimieren (bspw. IT-Strategie, IT-Architekturmanagement, Softwareentwicklung) (Lippold, 2022, S. 90 f.; Deelmann & Petmecky, 2012, S. 160).
4. Personalberatung: Personalberatung beschäftigt sich mit der optimalen Gestaltung des Einsatzes des menschlichen Faktors im Unternehmen (bspw. Personalbeschaffung, Interimsmanagement, Nachfolgeplanung) (Deelmann & Petmecky, 2012, S. 160).

Des Weiteren kann auch eine Kategorisierung nach Branchen oder funktionsspezifischer Ausrichtung (Human Resources, Marketing, usw.) vorgenommen werden.

2.2 Gestaltungselemente einer Beratungsunit

Aus der inhaltlichen Orientierung und dem Spezialisierungsgrad der Mitarbeiter resultiert häufig eine unterschiedliche Personalstruktur in Unternehmensberatungen. Es kann in zwei zentrale Personalverteilungen unterschieden werden. Die klassische Personalstruktur, die sich in vielen großen externen Beratungsunternehmen wiederfindet, ist die „Pyramide". Die Pyramidenform ist charakterisiert durch eine breite Basis an Junior Beratern, während die Anzahl an Personen mit steigender Hierarchiestufe abnimmt (Deelmann & Petmecky, 2012, S. 175). Diese Personalstruktur fördert eine klare Hierarchie und bietet nach dem Prinzip-Up-or-Out klare Aufstiegschancen. Die breite Basis aus Junior Beratern hat außerdem einen Vorteil für die Kostenstruktur der Beratung (Grellmann et al., 2010, S. 124 ff.). Voraussetzung für diese Personalverteilung ist, dass die operativ anfallenden Aufgaben in den Projekten klar strukturiert und von weniger erfahrenen Personen bearbeitet werden können.

Die zweite Personalstruktur hat die Form eines Diamanten. Sie ist häufig in Beratungen zu finden, die langfristige Veränderungen begleiten und bei denen erfahrene Mitarbeiter gefordert sind. Charakterisiert wird diese Verteilung durch einen ausgeprägten Mittelbau und im Vergleich zur klassischen Pyramide weniger Junior Beratern (Deelmann & Petmecky, 2012, S. 173 f.). Zweck dieser Struktur ist es, komplexe Projektsituationen durch hohes Expertenwissen steuern zu können und somit die Qualität der Beratung zu maximieren (Bamberger & Wrona, 2012, S. 21 f.).

Die Senioritätsgrade, wie Junior Consultant, Senior Consultant sowie Senior Manager finden sich so oder in ähnlicher Form in vielen externen und internen Unternehmensberatungen wieder. Inhouse Beratungen stehen dabei im direkten Wettbewerb mit externen Beratungen, um die Top-Talente und erfahrenen Berater, aber auch in der Projektakquise.

Je nach inhaltlicher Ausrichtung der Inhouse Beratung sowie ihrer Marktoffenheit variiert die Konkurrenzsituation. Mit Marktoffenheit ist gemeint, ob die ICUs im eigenen Konzern ein Vorrecht auf die Begleitung von Projekten haben und ob eine ICU ihre Leistung auch außerhalb der eigenen Organisation anbietet. Laut einer empirischen Untersuchung der FH Bonn-Rhein-Sieg bieten lediglich 17 % der befragten Inhouse Consulting Einheiten deutscher Unternehmen ihre Leistungen auch extern an (Deelmann & Petmecky, 2012, S. 162). Inhaltlich fokussieren sich Inhouse Beratungen laut Galal et al. (2009, S. 285) vorrangig auf die beiden Kernberatungsgebiete Strategie- und Managementberatung (37 %) und Organisations- und Prozessberatung (44 %). Gemäß Galal et al. (2010, S. 16–17) liegt die Verteilung in kleineren Beratungen bei fast 60 % Operations-

2.2 Gestaltungselemente einer Beratungsunit

und Prozessthemen und knapp 30 % Strategiethemen. Bei mittleren und größeren Beratungen verhält es sich nahezu umgekehrt. Darüber hinaus variieren der Umfang und die Dauer der Betreuung. Kleinere Inhouse-Beratungen haben ein ausgewogenes Verhältnis zwischen Konzeption und Implementierung im Rahmen der Projekttätigkeit (53 % Konzeption, 47 % Implementierung). Wohingegen große Inhouse Beratungen eher einen konzeptionellen Fokus aufweisen.

Für die Organisation und die Ausgestaltung des Tagesgeschäftes einer internen Beratung ist die organisationale Verankerung bzw. der Berichtsweg ein wesentlicher Aspekt. Je kürzer der Berichtsweg zur Unternehmensspitze ist, desto größer ist die grundsätzliche (wahrgenommene) Durchgriffs- bzw. Weisungsmöglichkeit gegenüber anderen Bereichen (Deelmann & Petmecky, 2012, S. 170).

Die erste Möglichkeit der organisationalen Verankerung ist, die Beratungseinheit als Teil einer Konzernzentrale, bspw. als Shared Service oder Stabstelle, unter dem Vorstand zu positionieren (ebd). Durch die direkte Anbindung an den Vorstand wird eine hohe strategische Relevanz des Bereiches vermittelt und die Nähe sowie der direkte Zugang zu den Entscheidern gewährleistet. Häufig wird mit dieser Art der Organisation eine Unterstützung und Entlastung des Managements forciert (Klein, 2002, S. 359 ff.). Dabei kommen die bekannten Vor- und Nachteile der sog. Stab-Linien-Organisation zum Tragen. Eine solche Struktur ist insbesondere für interne Beratungen empfehlenswert, die auf die Bearbeitung spezifischer Aufgaben für das Top-Management ausgerichtet sind (Deelmann & Petmecky, 2012, S. 169). Maaßen (2005, S. 153) bekundet hier ein Dilemma der internen Beratung, da der schmale Grat zwischen „angebunden" und „berichten" die Gefahr birgt, von Auftraggebern auf untergeordneter Ebene als Spione des Vorstands wahrgenommen zu werden (Ejenäs & Werr, 2011, S. 16). Die Schaffung einer rechtlich selbstständigen Gesellschaft, die als Unternehmensberatung für ihr Mutterunternehmen agiert, ist eine potenzielle Option, um dieses Problem zu minimieren (von Ameln, 2015b, S. 12). Es bietet den Vorteil, dass die Inhouse Consulting Unit autonom und losgelöst vom Tagesgeschäft agieren kann (Hastreiter, 2023, S. 37). Die Beratung erhält dadurch Unabhängigkeit bei gleichzeitiger Durchsetzungsstärke. Als dritte Möglichkeit lässt sich das Inhouse Consulting auch dezentral in verschiedenen Geschäftsbereichen verankern, um eine enge Zusammenarbeit und ein tiefes Verständnis der operativen Herausforderungen zu fördern (Klein, 2002, S. 359 ff.). Häufig haben ICUs genau dort, also bspw. in HR- oder IT-Abteilungen ihren Ursprung (Chen et al., 2019, S. 65; Knödler et al., 2015, S. 4). Auch bei dieser Option ist die Abhängigkeit zum Top-Management gering. Die fehlende Nähe und ggf. das fehlende Commitment des Vorstands kann sich dabei negativ auf die Durchsetzungsstärke der ICU auswirken. Außerdem bieten dezentrale Beratungen häufig nur ein sehr eingeschränktes, spezialisiertes Serviceportfolio an, weshalb übergreifende Synergieeffekte verloren gehen können. Auch eine temporäre, projektorientierte Einrichtung, bei der Experten aus dem Konzern als beratende Task Force agieren, ist denkbar (Klein, 2002, S. 359 ff.).

Mit der Wahl der organisatorischen Verankerung stellt sich häufig auch die Frage nach dem Verrechnungsmodell. Unterschieden werden kann in das Cost Center und das Profit Center Modell. Das Cost Center Modell ist dadurch charakterisiert, dass die Kosten des ICUs als Teil der allgemeinen Betriebskosten behandelt werden (Schawel & Billing, 2014, S. 207 f.). Diese können entweder auf alle Organisationen gleichmäßig oder nach bestimmten Quoten aufgeteilt werden. Dieses Modell ist in der Verwaltung und Abrechnung unkompliziert. Außerdem erlaubt es Projekte ohne Rücksicht auf den unmittelbaren finanziellen Nutzen zu verfolgen, was Innovationen fördern kann. Es kann auch zu einem höheren Qualitätsfokus führen, da keine Sorgen über die Erzielung von Einnahmen vorhanden sind (Schawel & Billing, 2014, S. 207 f.). Anderseits führt diese Art der Verrechnung zu einem geringen Kostenbewusstsein aufseiten der Kunden und auch der ICU sowie möglicherweise zu einer geringen Effizienz, da kein direkter finanzieller Druck besteht. Beim Profit Center Modell wiederum bietet die ICU ihre Leistungen zu festgelegten Preisen an andere Abteilungen oder Geschäftseinheiten innerhalb der Organisation an und hat das Minimalziel der Kostendeckung (Büchsenschütz & Baumgart, 2005, S. 29). In Konzernen wird dies oft mittels interner Verrechnung gelöst. Dadurch kommt es, anders als bei der Beauftragung von externen Beratungsunternehmen nicht zu einem Cash-Out (Grellmann et al., 2010, S. 124). Dieses Modell fördert auf Kundenseite das Kostenbewusstsein und eine effiziente Nutzung der Beratungsleistungen. Die Transparenz über die Kosten und Einnahmen führt bei den Consultants der ICU zu einer gesteigerten Ergebnisorientierung. Ein Nachteil dieses Modells ist die zunehmende Bürokratie durch die Verwaltung der Abrechnungen (Schawel & Billing, 2014, S. 207 f.). Um diesen Aufwand gering zu halten, arbeiten ICUs je nach Preismodell nur mit einem zentralen Stunden- oder Tagessatz. Externe Beratungen hingegen arbeiten häufig mit variierenden Tagessätzen je Senioritätslevel (Hastreiter, 2023, S. 36). So ist ein Partner im Auftrag deutlich teurer als ein Senior Berater und der wiederum teurer als ein Junior Berater. Mit der Organisation als Profit Center treten ICUs unweigerlich mit externen Beratungen in den Wettbewerb. Die Hemmschwelle die Unterstützung des Inhouse Consultings in Anspruch zu nehmen, steigt dadurch, dass sie nicht mehr kostenlos ist. Dies kann aber auch ein großer Vorteil sein. Über Höhe des Preises können ICUs ein Kostenbewusstsein der Kunden forcieren, mit dem Ziel nur für die relevantesten Projekte beauftragt zu werden (Büchsenschütz & Baumgart, 2005, S. 25). Um im

2.2 Gestaltungselemente einer Beratungsunit

Wettbewerb mit den externen Beratungen zu bestehen, bieten ICUs ihre Leistungen zu deutlich geringeren Preisen als die sog. Tier1 Beratungen an (Galal et al., 2009, S. 287; Hastreiter, 2023, S. 23; Grellmann et al., 2010, S. 124).

In Summe ist in der Praxis zu beobachten, dass interne Beratungen zunehmend als Profit Center organisiert werden, um die Wettbewerbsfähigkeit gegenüber externen Beratungen unter Beweis zu stellen und Durchsetzungsstärke zu gewährleisten (Büchsenschütz & Baumgart, 2005, S. 26). Schmidt et al. (2000, S. 266) sprechen sogar die klare Empfehlung aus, ICUs als „eigenständiges und weitgehend unabhängiges Profit Center" zu gestalten. Ein Grund dafür könnte sein, dass der Wettbewerb mit externen Beratungen und der finanzielle Druck die ICUs motiviert sich dauerhaft weiterzuentwickeln, um qualitativ hochwertige Ergebnisse und effiziente Arbeit zu erbringen.

Insgesamt werden ICUs häufig mit den Zielen der Kostenreduktion (im Vergleich zu externen Beratern), der Entwicklung von zukünftigen Führungskräften, dem Aufbau internen Know-Hows bzw. inhaltlicher Kompetenzen, gesteigerter Flexibilität und schneller Reaktionszeit durch Ressourcenallokation sowie Förderung der Innovationsfähigkeit gegründet und betrieben (Büchsenschütz & Baumgart, 2005; Galal et al., 2009; Knödler et al., 2015; Grellmann et al., 2010).

Je nach Zielstellung der internen Beratungseinheit ist nicht nur eine andere organisationale Verankerung sinnvoll, sondern auch die einzunehmenden Aufgaben, Rollen und Funktionen variieren. Grundsätzlich ist die Erwartungshaltung der Kunden ähnlich der an externe Berater und zwar, dass das Inhouse Consulting eine qualitativ hochwertige Beratungsleistung bei vertretbaren Ressourceneinsatz erbringt (Galal et al., 2009, S. 285). Dabei agieren die internen Berater laut Hoyer (2000) als Innovatoren, Coaches, Organisatoren und Experten (Hoyer, 2000, in von Ameln, 2015b, S. 9). Schmidt et al. (2000, S. 261 ff.) haben diese Rollen erweitert und auf acht Funktionen, die mit den oben genannten Zielen korrelieren, determiniert:

1. Funktion der Organisationsentwicklung: Eine wesentliche Rolle der internen Beratung besteht darin, gemeinsam mit den verschiedenen Organisationseinheiten maßgeschneiderte Anpassungen zu entwickeln, übergeordnete Veränderungsstrategien zu erarbeiten oder die Mitarbeitenden für bevorstehende Veränderungen zu gewinnen (von Ameln, 2015b, S. 9).
2. Funktion der Personalentwicklung: Ein weiterer Schwerpunkt liegt auf der Ausbildung zukünftiger Führungskräfte (von Ameln, 2015b, S. 10).

3. Funktion zur Förderung von Innovationen: Dabei geht es um die Entwicklung und Förderung eigener innovativer Ideen sowie die Bewertung von Innovationsimpulsen, die aus der Organisation kommen (von Ameln, 2015b, S. 10). In dieser Funktion findet sich Hoyers (2000) Rolle des Innovators wieder.
4. Wissensförderung und Wissenstransfer: Diese Funktion umfasst die Unterstützung bei der Verbreitung bewährter Lösungen innerhalb des Unternehmens sowie den Austausch von Wissen zwischen verschiedenen Organisationseinheiten (von Ameln, 2015b, S. 10).
5. Funktion der Problemlösung: Hierbei werden passgenaue, umsetzbare Lösungen für spezifische Herausforderungen entwickelt.
6. Kommunikationsförderung: Der informelle Austausch zwischen verschiedenen Unternehmensbereichen, die im Arbeitsalltag wenig miteinander in Kontakt kommen, wird gefördert (von Ameln, 2015b, S. 10).
7. Wissenszentrum: Die interne Beratung stellt ein Kompetenzzentrum dar, in dem Expertenwissen für das Unternehmen verfügbar gemacht wird. Diese Rolle ist gleichzusetzen mit dem „Experten" von Hoyer (2000).
8. Funktion der Koordination: Es geht darum, unterschiedliche Ziele und Interessen im Unternehmen in Einklang zu bringen und eine effektive Verbindung zwischen verschiedenen Hierarchieebenen und Funktionsbereichen zu schaffen (von Ameln, 2015b, S. 10). Diese Funktion ähnelt Hoyers (2000) Rolle des Organisators.

Somit kann die Effektivität einer Inhouse Consulting Unit als die Fähigkeit beschrieben werden, einen bedeutenden und nachhaltigen Beitrag zur Gesamtorganisation zu leisten. Dabei umfasst der Beitrag dieser Einheiten nicht nur die unmittelbare Lösung spezifischer betrieblicher Herausforderungen, sondern auch deren langfristige Wirkung auf die Wettbewerbsfähigkeit und die Weiterentwicklung der Organisation. Eine ICU ist dann effektiv, wenn sie an den strategisch relevanten Projekten beteiligt ist und in diesen Projekten, die für die Gesamtorganisation beste Lösung findet und die Auftraggeber und beteiligten Personen zufriedenstellt. Die beste Lösung lässt sich dabei an einer messbaren Verbesserung zeitlicher oder qualitativer Natur festmachen und wird zusätzlich nach ihrer Passgenauigkeit und Umsetzbarkeit bewertet. Unter dem Aspekt „Auftraggeber und beteiligte Personen zufriedenstellen" wird auch die Erreichung der Ziele aus der Auftragsklärung subsumiert. Demzufolge ergeben sich vier zentrale Effektivitätskriterien für das Inhouse Consulting, die der folgenden Ausarbeitung zugrunde gelegt werden. Dabei ist anzumerken, dass diese Kriterien nicht trennscharf sind und sich gegenseitig bedingen. So sind beispielsweise die relevanten Projekte, diejenigen die den größten Impact auf die Gesamtorganisation haben. Und die beste Lösung ist die Lösung, die die Kunden zufriedenstellt, zur Zielerreichung führt und einen Mehrwert für das gesamte Unternehmen schafft.

2.3 Erfolgsfaktoren des Inhouse Consultings

Um die bereits beschriebenen Vorteile von ICUs bestmöglich auszuschöpfen, kann die Berücksichtigung bestimmter Erfolgsfaktoren und die Wahl der richtigen Gestaltungselemente helfen. Im Folgenden erfolgt ein Überblick über die in der Literatur identifizierten Erfolgsfaktoren.

Der erste Erfolgsfaktor liegt in der klaren Definition der Zielstellung der ICU. Hierbei sollte auf eine Passung mit der Gesamtstrategie des Unternehmens sowie den spezifischen Bedürfnissen des Mutterunternehmens geachtet werden (Ejenäs & Werr, 2011, S. 21). Die Ziele und somit die Strategie der internen Beratungen sollten dann innerhalb eines klar abgegrenzten und fokussierten Serviceportfolios angeboten werden (Bernholz & Teng, 2015, S. 3). Das kompakte Serviceportfolio zahlt auf den nächsten Erfolgsfaktor ein, nämlich die konsequente Ablehnung von Projekten, für die die ICU keine Kompetenz aufweist. Die interne Beratung sollte sich klar positionieren, in welchen Bereichen Expertise vorhanden ist und in welchen externe Beratungen eine bessere Unterstützung liefern können (ebd.). Ein transparentes Serviceportfolio kann außerdem dabei helfen, Glaubwürdigkeit zu schaffen und das Vertrauen in die Kompetenz der internen Beratung zu fördern.

Ein weiterer wichtiger Aspekt beim Aufbau der Glaubwürdigkeit und zur Förderung der Akzeptanz ist das Commitment des Top-Managements. Das Commitment sollte aber nicht in Kontrolle übergehen. Um glaubwürdig gegenüber den Kunden zu sein und die beste Lösung für das Problem und nicht die Einzelperson zu finden, sollte die ICU unabhängig sein. Die operative Autonomie ist somit ein weiterer Erfolgsfaktor. Diese kann durch die richtige Wahl der oben beschriebenen Gestaltungsparameter, wie der organisationalen Aufhängung, dem Verrechnungsmodell usw. gewährleistet werden (Hastreiter, 2023, S. 38). Wichtig ist, die Gestaltungsparameter nicht nur auf maximale Autonomie auszurichten, sondern sich an den vorher definierten Zielen zu orientieren.

Neben den strukturellen Aspekten ist in der Beratung auch der menschliche Faktor essenziell. Hierbei ist es wichtig, die richtigen Leute zu finden und bestmögliche Weiterentwicklungsangebote zu schaffen (Bernholz & Teng, 2015; Ejenäs & Werr, 2011, S. 15 ff.; Schmidt et al., 2000, S. 266).

Neben dem Commitment des Top-Managements ist ein gutes Stakeholdermanagement wichtig, um durch Projekte die Auslastung der ICU sicherzustellen.

Regelmäßige Gelegenheiten zum Austausch mit Entscheidern, Budgetverantwortlichen und veränderungsbegleitenden Abteilungen (z. B. HR) können Zugangspunkte für neue Projekte sein (Chen et al., 2019, S. 67). Daneben ist eine hohe Effektivität in den einzelnen Projekten wichtig, damit die bisherigen Kunden die ICU wiederholt beauftragen.

2.4 Herausforderungen des Inhouse Consultings

Trotz der zahlreichen Vorteile, die Inhouse Consultings bieten, stehen sie auch vor einigen Herausforderungen, die ihre langfristige Effektivität und Wettbewerbsfähigkeit beeinflussen. Ohne eine klar definierte Rolle innerhalb der Unternehmensstruktur können ICUs Schwierigkeiten haben, die Erwartungen des Top-Managements und der Fachabteilungen gleichermaßen zu erfüllen, was zu einer mangelnden Akzeptanz und unklaren Prioritäten führt (Ejenäs & Werr, 2011, S. 15).

Vergleichbar bedeutend wie die definierte Rolle ist auch die Unabhängigkeit und Glaubwürdigkeit der internen Berater. Fehlt diese wird es zum einen schwer, Projekte zu akquirieren und zum anderen in bestehenden Projekten Veränderungen durchzusetzen und somit effektiv zu sein. Interne Berater müssen dabei nicht nur ihre fachliche Kompetenz unter Beweis stellen, sondern auch sicherstellen, dass sie als neutrale und unabhängige Ratgeber wahrgenommen werden (Schmidt et al., 2000, S. 266). Dies ist besonders schwierig, wenn ICUs als „verlängerter Arm des Vorstands" gesehen werden oder in politisch sensiblen Projekten involviert sind, bei denen ihre Zugehörigkeit zur Konzernführung als potenzieller Interessenkonflikt wahrgenommen wird (Chen et al., 2019, S. 70; Galal et al., 2010, S. 15). Die Nähe zur Unternehmensleitung führt häufig dazu, dass interne Berater eher als Werkzeug des Managements und nicht als unabhängige Experten betrachtet werden, was ihre Wirksamkeit und Akzeptanz bei den betroffenen Mitarbeitern erheblich beeinträchtigen kann.

Ein weiterer Aspekt, der die Leistungsfähigkeit von ICUs einschränken kann, ist die Gefahr der Betriebsblindheit (Pichler, 2011, S. 25). Durch ihre enge Einbindung in das Unternehmen laufen interne Berater Gefahr, die organisatorischen Prämissen und Perspektiven unreflektiert zu übernehmen, was zu einer reduzierten Innovationskraft und eingeschränkten Problemlösungsfähigkeiten führen kann (Galal et al., 2009, S. 286 f.; von Ameln, 2015b, S. 11). Diese Betriebsblindheit kann insbesondere bei komplexen, unternehmensübergreifenden Fragestellungen problematisch sein, bei denen eine unvoreingenommene Herangehensweise gefordert ist. In solchen Fällen kann es notwendig sein, externe Berater hinzuzuziehen,

2.4 Herausforderungen des Inhouse Consultings

die eine unabhängige Sicht bieten und spezialisierte Kompetenzen einbringen, die in der internen Beratung möglicherweise nicht vorhanden sind (Grellmann et al., 2010, S. 128). Ein Beispiel für eine fehlende Kompetenz gegenüber der externen Beratung ist die Möglichkeit aus einer breiteren Masse an Projekterfahrung und Best Practices aus anderen Unternehmen zu schöpfen sowie bspw. Benchmarking mit anderen Marktkonkurrenten vorzunehmen (Galal et al., 2009, S. 287; Grellmann et al., 2010, S. 121 ff.).

Darüber hinaus kämpfen ICUs mit einer suboptimalen Positionierung im Recruitingmarkt. Externe Beratungsfirmen haben oft einen besseren Ruf und können hochqualifizierte Talente effektiver anziehen. ICUs hingegen stehen vor der Herausforderung, ausreichend qualifizierte Mitarbeiter zu rekrutieren und diese langfristig zu halten, insbesondere da ihre Kapazitäten begrenzt sind und sie häufig nicht über die Ressourcen verfügen, um in der gleichen Weise in die Weiterbildung, das Wissensmanagement und das Gehalt zu investieren wie externe Beratungsfirmen (Galal et al., 2010, S. 29). Auf der anderen Seite haben ICUs als Arbeitgeber wiederum die Vorteile einer besseren Work-Life-Balance aufgrund geringerer Reisetätigkeiten und der Möglichkeit verschiedener Einblicke in die Geschäftsbereiche des Konzerns. Diese fallen häufig weniger ins Gewicht als das Gehalt und die Weiterbildungsmöglichkeiten. Allerdings wechseln talentierte interne Berater oft nach einiger Zeit als Führungskräfte in die Mutterorganisation, was zu einem regelmäßigen Verlust an Know-how führt und die ICU daran hindert, eine kritische Größe zu erreichen, um auf allen Ebenen mit externen Beratungen zu konkurrieren (Chen et al., 2019, S. 72). Außerdem entsteht so eine kontinuierliche Notwendigkeit hochqualifizierte Talente zu finden. Insgesamt stellt die begrenzte Anzahl an Mitarbeitern in ICUs eine Herausforderung dar, um alle relevanten Projekte innerhalb der Organisation zu übernehmen. Der Versuch dies zu tun, kann zu Überlastung und einer Verschlechterung der Beratungsqualität führen, insbesondere wenn die ICU gezwungen ist, Projekte anzunehmen, die außerhalb ihres Kompetenzbereiches liegen (Grellmann et al., 2010, S. 128). Auch hier erweist sich der Mangel an spezialisierten Ressourcen als Nachteil gegenüber externen Beratungsfirmen, die über größere Teams und spezifische Fachkenntnisse verfügen.

Forschungsmethodik 3

Um die Forschungsfragen zu beantworten, wurde eine qualitative Interviewstudie mit Experten durchgeführt. Die geringe Forschung im Feld des Inhouse Consultings und das Ziel Zusammenhänge zwischen den strukturellen Aspekten einer ICU und ihrer Effektivität zu beleuchten, beschränkt die Anwendbarkeit quantitativer Verfahren. Diese Verfahren benötigen für die Konzipierung des Erhebungsinstrumentes eine feste Vorstellung vom Forschungsgegenstand, der für die bearbeitete Thematik dieser Arbeit nur begrenzt vorliegt (Mey & Mruck, 2020, S. 32 f.).

Ziel der leitfadengestützten Experteninterviews ist es, tiefgreifende Informationen über Inhouse Consulting Units zu sammeln, um detaillierte Einblicke in die Strukturen und Prozesse zu erhalten, die in der Literatur nur vage oder gar nicht beschrieben sind. Der Begriff „Experte" ist im Rahmen der qualitativen Forschung umstritten, da das Expertentum immer subjektiv und für jede Untersuchung unterschiedlich ist. Im Rahmen dieser Arbeit wurden als Experten Inhouse Consultants definiert, die mindestens zwei Jahre in einem ICU als Senior Consultant oder höherwertig tätig sind. Grund für diese Voraussetzung ist, dass die Fragen ein umfängliches Verständnis der eigenen Organisationsstrukturen und -prozesse erfordern, die Personen mit weniger Erfahrung und Verantwortung möglicherweise nicht aufweisen. Es wird angenommen, dass Senior Consultants und höherwertige Positionen über ein fundiertes Wissen und spezifische Erfahrungen bezüglich des Forschungsgegenstandes verfügen.

Die Akquise der Interviewpartner erfolgte über zwei Hauptkanäle: das persönliche Netzwerk und LinkedIn. Innerhalb des persönlichen Netzwerks wurden bestehende Kontakte überprüft und per E-Mail mit einem standardisierten Einladungstext angeschrieben. Über das Schneeballsystem konnten elf der zwölf

Interviewpartner akquiriert werden. LinkedIn wurde ergänzend genutzt, um Führungskräfte aus ICUs ohne bestehende Netzwerkverbindungen zu kontaktieren. Hierbei wurden acht Personen angeschrieben, jedoch führte nur eine Kontaktaufnahme zum Erfolg.

Insgesamt konnten zwölf Interviewpartner gewonnen werden, darunter vier Frauen und acht Männer aus elf ICUs in neun Konzernen. Sieben der Interviewten hatten Führungsverantwortung, während die übrigen fünf als Senior Consultants tätig waren. Die thematischen Schwerpunkte der Interviewpartner verteilten sich auf Strategie- und Managementberatung (sieben Personen), IT-Beratung (zwei Personen) sowie Organisations- und Prozessberatung (drei Personen). Die ICUs der Interviewpartner unterschieden sich hinsichtlich ihrer Branchen, der Größe der Einheiten und des Beratungsansatzes (fachlich vs. prozessorientiert).

Die Interviews wurden zwischen dem 23.07.2024 und dem 30.08.2024 durchgeführt. Der Interviewleitfaden war in drei Blöcke gegliedert: Erfolgsfaktoren, Gestaltungselemente und Herausforderungen. Die Fragen waren überwiegend offen, um die Sichtweisen der Interviewpartner möglichst unverzerrt abzubilden. Ergänzend wurden Ranking-Fragen verwendet, um die Gewichtung zentraler Aspekte zu erheben. Die Gespräche dauerten durchschnittlich 63 min.

Die Datenauswertung der leitfadengestützten Experteninterviews wurde mittels der qualitativen Inhaltsanalyse nach Mayring (2022) durchgeführt. Sie bietet einen strukturierten Auswertungsprozess, der die Nachvollziehbarkeit der Auswertung durch die Bildung von Kategorien erhöht (Vogt & Werner, 2014, S. 47 f.). Die qualitative Inhaltsanalyse ist durch das stark theorie- und regelgeleitete Vorgehen eine der bekanntesten Auswertungsverfahren und somit ein erprobtes Instrument in der qualitativen Forschung. Da das Datenmaterial Schritt für Schritt mithilfe von Kategorien bearbeitet und ausgewertet wird, ist es einfach nachvollziehbar, replizierbar und intersubjektiv überprüfbar (ebd., S. 47). Im Zentrum der Methode steht das Kategoriensystem, das als „Suchraster" fungiert, um aus dem Interviewmaterial, die für die Beantwortung der Forschungsfrage relevanten Informationen herauszufiltern (ebd., S. 47 f.). Der Vorteil der qualitativen Inhaltsanalyse ist, dass die Kategorien sowohl deduktiv als auch induktiv definiert werden können. Im Rahmen dieser Arbeit wurden zuerst auf Basis der Literatur Kategorien deduktiv gebildet, die dann durch weitere wiederkehrende Kategorien aus den Interviews induktiv angereichert wurden.

Forschungsergebnisse 4

Im Rahmen der zwölf Interviews wurden sowohl bekannte als auch in der Literatur bisher nicht beschriebene Erfolgsfaktoren, Zusammenhänge und auch Herausforderungen von ICUs identifiziert. Der Einfluss dieser Aspekte auf die Effektivität wurde dabei unterschiedlich gewichtet.

Insgesamt hatten die Interviewpartner (IP) ein ähnliches Effektivitätsverständnis, wie es auch der Arbeit zugrunde gelegt wurde. Laut den Interviewpartnern lässt sich die Effektivität an drei zentralen Kriterien festmachen. Das erste Kriterium ist, dass die passende Lösung für das Kundenproblem gefunden wird und diese in umsetzbare Maßnahmen übersetzt werden. Das zweite Kriterium ist die allgemeine Zielerreichung des Projektes, also dass die in der Auftragsklärung definierten Ziele am Ende des Projektes erreicht werden und das bestenfalls in einem ausgeglichenen Verhältnis von „Impact und Kosten" (IP 6) sowie mit Einhaltung der zeitlichen Deadline (IP 11). Dabei wurde zusätzlich hervorgehoben, dass dieser Zielzustand durchaus flexibel ist und sich im Laufe des Projektes Änderungen ergeben können. Neben den sehr projektorientierten Kriterien wurde Effektivität in Verbindung mit dem Mehrwert für das Gesamtunternehmen gebracht (IP 1,7). Also dass die richtigen, strategisch relevanten Projekte durchgeführt werden und Lösungen generiert werden, die auf die Wertschöpfung des Unternehmens einzahlen (IP 1).

Grundvoraussetzung für die Effektivität einer ICU ist das Vorhandensein von relevanten Aufträgen und Projekten, was als weiteres Kriterium herangezogen werden kann (IP 6,12). Ohne die Beauftragung der ICU für die Begleitung von Projekten, kann diese keinen Mehrwert für die Gesamtorganisation und die Kunden generieren.

4.1 Erfolgsfaktoren für die Effektivität im Inhouse Consulting

Um in strategisch relevanten Projekten eine passende Lösung für das Kundenproblem zu finden, die einen Mehrwert für die Gesamtorganisation generiert, bieten sich laut den Interviewpartnern verschiedene Strukturen, Maßnahmen und Charakteristika (Gestaltungselemente) als förderlich an. Teilweise unterscheidet sich die Wahl der Struktur und Maßnahmen, abhängig von der Zielstellung der ICU. Es wird im Rahmen dieser Arbeit zwischen Gestaltungselemente, also variabel wählbaren Elementen in der Struktur, in Prozessen usw., und Erfolgsfaktoren, also Resultaten, die sich aus der Wahl bestimmter Gestaltungselemente ergeben, unterschieden.

Klarheit über die Ziele und den Zweck
Die Klarheit über die Ziele und den Zweck der Inhouse Consulting Unit ist eine grundlegende Voraussetzung. Die Rolle und der Beratungsansatz sollten klar definiert sein, damit es in Projekten zu keinen falschen Erwartungen seitens der Kunden kommt (IP 8). Dies würde dem Effektivitätskriterium der Zielerreichung und Kundenzufriedenheit zuwiderlaufen.

Mehr als die Hälfte der Interviewpartner nannte ein eindeutiges und eingegrenzten Serviceportfolio als hilfreichen Aspekt und bestätigten damit die Empfehlung von Bernholz und Teng (2015, S. 3). In der Literatur wurde von Ejenäs und Werr (2011, S. 15 ff.) ergänzt, dass bei der Definition des Ziels und Zwecks der ICU „auf eine Passung mit der Gesamtstrategie des Unternehmens sowie den spezifischen Bedürfnisse des Mutterunternehmens geachtet werden [sync]" sollte. In Bezug auf die Priorisierung von Aufträgen bestätigen einige Interviewpartner (IP 1,2,5,6,11) die Ausführungen von Bernholz und Teng (2015, S. 3), dass Themen, die außerhalb des Scopes liegen, klar abzulehnen sind.

Häufig wird die Priorisierung durch eine dezidierte Gruppe an Personen nach festgelegten Kriterien vorgenommen. Primär war diese Gruppe die Führungsebene der ICUs. Nur in Einzelfällen wird die Priorisierung durch den Vorstand vorgenommen (IP 6,7). Dabei werden Projekte mit hohem Impact für die Gesamtorganisation sowie positiven Auswirkungen für die ICU (monetär, Image und in Bezug auf die Kompetenz) und einem gewissen Umfang (mehrere Monate, mind. zwei Consultants) präferiert (IP 1,5,6,8,11).

Um eine fundierte Entscheidung treffen zu können, ob ein Projekt in das Serviceportfolio passt, sollte eine umfangreiche Auftragsklärung vorgenommen werden. Hier sollten die Erwartungen, Rollen und Ziele für das Projekt besprochen werden. Auf Basis dessen kann ein Angebot analog zu externen Beratungen verfasst werden

4.1 Erfolgsfaktoren für die Effektivität im Inhouse Consulting

(IP 5). Dieses Angebot kann zusätzlich auch Szenarien enthalten, die definieren, wann eine ICU das Projekt vorzeitig verlässt. Die Gründe dafür können eine Veränderung der Rolle, fehlender Fortschritt oder andere Projekte mit mehr Mehrwert für die Mutterorganisation sein, die die ICU bedienen muss.

Das von der Priorisierung beeinflusste Staffing läuft abhängig von der Größe der Einheit unterschiedlich ab, wobei in nahezu allen Fällen nach den Kriterien Verfügbarkeit, Kompetenz und Entwicklungswunsch/-ziel entschieden wird, wer in welchem Projekt arbeitet. Ein weiteres Kriterium ist die Passung zum Kunden, also passt es zwischenmenschlich zwischen dem Beraterteam und den Auftraggebern (IP 8,10). Außerdem sollte im Staffing explizit berücksichtigt werden, dass immer mindestens zwei Berater zusammen ein Projekt begleiten (IP 1,5,8). Mit geringer Größe der ICU gestaltet sich das Staffing teilweise schwieriger, da nur wenige Personen den Auftrag ausführen können und diese zum Projektstart verfügbar sein müssen (IP 2). Die einzige Möglichkeit ist, Personen früher aus einem anderen Projekt rauszuziehen, um sie in neuen Projekten einzusetzen (IP 8,11). Dies gibt der ICU mehr Flexibilität bzgl. ihrer Kapazitäten und ermöglicht es, die beste Passung zwischen den Anforderungen des Auftrages und den vorhandenen Consultants herzustellen.

Commitment des Top-Managements
Damit eine ICU überhaupt für die strategisch relevantesten Projekte angefragt wird, braucht es ein klares Commitment des Top-Managements bzgl. des Zwecks und der Ziele. Das Commitment der wichtigsten Entscheider der Gesamtorganisation und somit potenziellen Auftraggebern der ICU bietet zwei Vorteile (IP 1,4,7,9). Zum einen hilft es bei der Akquise von relevanten Projekten, wenn das Top-Management für die Beauftragung der ICU für anstehende Veränderungsvorhaben wirbt. Zum anderen hilft es der ICU Themen klarer zu adressieren und schneller durchzusetzen, wenn das Top-Management dahintersteht. Die ICU erhält dadurch ein Mandat, Dinge zu beschleunigen und zu kontrollieren (IP 7,9). Die Beauftragung durch den Vorstand stärkt häufig auch das initiale Vertrauen des Kunden in die ICU. Es birgt aber nach Maaßen (2005, S. 153) auch die Gefahr, als Spion des Vorstandes wahrgenommen zu werden. Eine Herausforderung ergibt sich in diesem Zusammenhang, wenn das Top-Management eine eigene Beratungshistorie hat und die ehemalige Beratung für Projekte bevorzugt. Dies hat eine negative Signalwirkung und schwächt das Image der ICU. Das Commitment des Top-Managements hat somit besonders auf die Effektivitätskriterien Einfluss, die sich auf die Bearbeitung der relevanten Projekte im Konzern sowie deren Zielerreichung beziehen.

Autonomie

Abhängig von der Zielsetzung ist die organisatorische Verankerung der Inhouse Consulting Unit entscheidend. Die Interviewpartner waren dabei häufig in ICUs tätig, die als eigenständige Konzerntochter organisiert sind. Nur drei der zwölf Interviewpartner waren in ICUs angestellt, die als Stabstelle beim Vorstand oder als Teil eines Geschäftsbereiches der Holding aufgehängt sind. Die Tochtergesellschaften waren dabei teilweise eine Zusammenfassung aller Servicefunktionen der Gesamtorganisation, in der der Inhouse Consulting Bereich integriert war (IP 1,9,11). Als wichtigstes Kriterium bei der organisatorischen Verankerung wurde die Gewährleistung von Autonomie genannt (IP 1,2,4,5,8). Diese Aussage geht mit der Beschreibung von Ejenäs und Werr (2011, S. 21 f.) einher, die in der Schaffung einer rechtlich selbstständigen Gesellschaft den Vorteil sehen, dass die Inhouse Consulting Unit autonom und losgelöst vom Tagesgeschäft agieren kann.

Die strukturelle Nähe zum Vorstand hilft, analog dem Commitment, ein Mandat zu bekommen, Themen durchzusetzen, voranzutreiben und ihre Umsetzung zu kontrollieren (IP 7). Auch Deelmann und Petmecky (2012) argumentieren, dass „je kürzer der Berichtsweg bis zur Unternehmensspitze ist, desto größer ist die grundsätzliche (wahrgenommene) Durchgriffs- bzw. Weisungsmöglichkeit gegenüber anderen Bereichen" (S. 170). Dieser Umstand adressiert die Effektivitätskriterien der realisierbaren Lösungsansätze und auch der Zielerreichung in Projekten, da die ICU in der Lage ist, die Bearbeitung relevanter Aufgaben zur Erreichung dieser zu forcieren.

Der Vorteil der Aufhängung innerhalb eines Geschäftsbereiches hingegen ist die fachliche Nähe (IP 8). Zusätzlich dazu wurde die organisationale Eingebundenheit, also die Nähe zu den operativen Bereichen, als hilfreich für ein gutes Vertrauensverhältnis und Involvement der Beteiligten angesehen (IP 11). Diese Einschätzung geht auch mit der Theorie der sozialen Identität (Ashforth & Mael, 1989; Scheepers & Ellemers, 2023) konform, denn wenn die ICU von den Kunden als Teil ihrer Gruppe verstanden wird, führt dies zu einer positiven Gruppendynamik, die vorteilhaft für die Effektivität sein kann.

Ein Faktor, der die Autonomie und Gestaltungsfreiheit der eigenen Strukturen, Prozesse und Vorgehensweisen fördern kann, ist das Verrechnungsmodell (IP 2,8). Insgesamt verrechnet sich die Mehrheit der befragten ICUs intern. Nur drei ICUs erheben keine Preise und sind als Cost Center organisiert. Alle andere ICUs erheben Stunden- oder Tagessätze für ihre Consultants.

Das Verrechnungsmodell zwingt zu einer gewissen Disziplin (IP 1), an den richtigen Themen zu arbeiten und immer innovativ sowie kundenorientiert zu sein, um kontinuierlich Projektbeauftragungen zu akquirieren. Außerdem hilft die Organisation als Profit Center, die Unabhängigkeit der ICU zu wahren, da die resultierenden

4.1 Erfolgsfaktoren für die Effektivität im Inhouse Consulting

Gewinne ihre Existenz rechtfertigen (IP 2,8). Die Verrechnungslogik kann bei der internen Steuerung und Reflexion unterstützen (IP 1).

Zusätzlich zur Auftragslage ist auch die Utilization Rate ein hilfreiches Steuerungselement (IP 2,6,8). Die Utlitilization ist die Auslastungsrate, also die Zeit, die die Consultants bezahlt beim Kunden arbeiten. Im Durchschnitt wurde eine Rate von 83 % angestrebt, wobei nur sieben von zwölf Interviewpartnern eine Aussage diesbezüglich getroffen haben. Die geringste Auslastungsrate lag bei 70 % (IP 8) und die höchste bei voller Auslastung (100 %) (IP 11). Die Nutzung der übrigen Zeit sollte aufs Business Development, die individuelle Weiterentwicklung und das Stakeholdermanagement bzw. die Akquise neuer Aufträge aufgeteilt werden (IP 2,8,12).

In der Mehrheit wird das Verrechnungsmodell als sehr hilfreich angesehen, besonders in Bezug auf die Leistungs- und Qualitätsorientierung, die Steuerung des eigenen Bereiches und vor allem auf die Weiterentwicklung und Wettbewerbsfähigkeit (IP 1,2,5,8,12). Denn durch die Erhebung von Preisen stehen die ICUs im direkten Wettbewerb mit externen Beratungshäusern, mit denen sie mithalten müssen. Auf der anderen Seite kann die Verrechnung auch ein vertrauensvolles Miteinander stören (IP 11,6).

Anpassungsfähigkeit und Flexibilität

Die bei der organisatorischen Verankerung angesprochene Autonomie ist auch wichtig, für den nächsten zentralen Erfolgsfaktor der ICU – der Anpassungsfähigkeit und Flexibilität. Die Anpassungsfähigkeit des eigenen Bereiches bzgl. Prozesse, Strukturen und Personal sowie des Serviceportfolios im Hinblick auf das Angebot der richtigen Services sind essenziell für die Konkurrenzfähigkeit mit externen Beratungen und um in Projekten effektiv zu sein (IP 2,8).

Die Aufbauorganisation der ICU sollte die Anpassungsfähigkeit und Flexibilität bestmöglich unterstützen. Bei den Interviewpartnern zeigte sich ein diverses Bild aus unterschiedlichen Aufbaumodellen, Größen, Hierarchiestufen usw. So wurde beispielsweise von einer Matrixorganisation als Struktur der Wahl gesprochen (IP 1,6), die in der Literatur als besonders anpassungsfähig beschrieben wird. Insgesamt wurden die internen Abteilungen der ICU häufig als Practice Groups oder Pillars analog der Community of Practice aus der Externen Beratung bezeichnet, in denen thematische Schwerpunkte abgebildet werden. Die Größe der ICUs variierte von sechs bis ca. 700 Personen. Wobei gerade bei größeren ICUs eine Unterschcidung in bestimmte Beraterstufen/-ränge sowie in Hierarchiestufen beschrieben wurde. Hier ist eine Analogie zu den externen Beratungsfirmen und den Karriereleveln von Deelmann und Petmecky (2012) erkennbar. Die Hierarchie ist überwiegend sehr flach, mit durchschnittlich zwei bis vier Ebenen (IP 3,4,6,7,12). Über dem Vice President oder Direktor ist bei der Mehrheit der Interviewpartner direkt ein Vorstandsmitglied, sodass die Nähe zum Vorstand gegeben ist. Die Struktur der Practice Groups hilft Know-How zu bündeln, Kompetenz aufzubauen und Ansprechpartner für bestimmte Themen zu haben (IP 9). Weiterhin helfen die Hierarchien der ICU, die Hierarchien der Mutterorganisation zu nutzen (IP 4). Hierarchien bergen auf der anderen Seite die Gefahr von starren Strukturen und Silos, weshalb durchlässige und flache Strukturen sowie kurze Wege helfen können, den Kunden schnellst- und bestmöglich zu unterstützen (IP 12).

Die Aufbauorganisation scheint insgesamt keinen direkten Einfluss auf die Effektivität einer ICU zu haben. Dafür bedingt sie indirekt einige Erfolgsfaktoren, wie die Anpassungsfähigkeit und Flexibilität, aber auch das Stakeholdermanagement.

Ausreichend qualifizierte Mitarbeiter
Besonders relevant im Consulting allgemein und somit auch im Inhouse Consulting ist qualifiziertes Personal. Die drei zusammenhängenden Gestaltungselemente Recruiting, Weiterbildung der Consultants und Wissensmanagement werden sowohl in der Literatur als auch in den Interviews eine hohe Relevanz zugesprochen (Bernholz & Teng, 2015; Ejenäs & Werr, 2011, S. 15 ff.; Schmidt et al., 2000, S. 264 ff.).

Das Recruiting von Talenten ist in Konkurrenz mit den externen Beratungsfirmen herausfordernd (IP 1,6). Daher ist das Recruiting ein zentrales Gestaltungselement von ICUs, um erfolgreich ausreichend qualifizierte Mitarbeiter zu akquirieren. Laut der Hälfte der Interviewpartner sollte der Consulting Bereich selbst für das Recruiting zuständig sein. Dies wurde unterschiedlich gelöst. Einmal gibt es eine eigene kleine HR-Abteilung, die nur für die ICU rekrutiert (IP 1), in anderen ICUs ist HR nur formal beteiligt, aber die Gespräche und Entscheidungen obliegen dem Bereich selbst (IP 2,4,6,8). Die Personengruppen, die rekrutiert werden, unterscheiden sich dabei zwischen den befragten ICUs. Manche suchen primär nach jungen Talenten, die direkt von der Hochschule kommen. Andere wiederum bevorzugen erfahrene Personen, die Expertise mitbringen und die Qualität der ICU weitervorantreiben. Die Einschätzung von Deelmann und Petmecky (2012, S. 174–175), dass der aktuelle Trend in Richtung erfahrenen Personen mit höherem Einstiegsniveau geht, konnte nicht bestätigt werden.

Neben dem Recruiting wird auch die Weiterbildung der Consultants als Grundlage für fähiges Personal und somit eine hohe Effektivität gesehen (IP 1,2,12). Daher wird die Weiterbildungszeit analog der Zeit für das Business Development aus der Utilization Rate herausgerechnet (IP 5).

Vorhandene Weiterbildungsbudgets werden häufig in Tagen oder Geldwert für jeden Consultant definiert. Die Spanne liegt hier bei bis zu 10 Weiterbildungstagen und einem Budget zwischen 500–5000 € (IP 1,3,6,8,10,12). Dabei gab es ICUs in denen die Personen eigenständig über ihr Budget entscheiden durften und andere, wo die jeweilige(n) Maßnahme(n) mit der Führungskraft abgestimmt werden mussten. Das Trainingsrepertoire variierte von eigens für die Beratung entwickelten Formaten, über die Nutzung von konzerneigenen bis hin zu externen Trainings. Als weitere Weiterbildungsmaßnahmen wurden Coachings, Mentoring-Programme in Aufträgen sowie das allgemeine Staffing genannt. Aber auch eine enge Führung und eine ausgeprägte Feedbackkultur wurden vereinzelt angeführt.

Ein weiteres Element, das zur Weiterentwicklung der Consultants, der ICU selbst sowie zur Förderung der Qualität der Ergebnisse führen kann, ist das Wissensmanagement. Das Wissensmanagement wurde nur von der Hälfte der Interviewpartner thematisiert, weshalb anzunehmen ist, dass es im Gegensatz zum Recruiting und der Weiterbildung einen geringeren Stellenwert in ICUs hat.

Die geringe Relevanz wird in der Literatur hingegen nicht erkenntlich. Dort wird das Wissensmanagement als eine zentrale Funktion einer ICU definiert (Schmidt et al., 2000, S. 261 ff.). Neben einem Knowledge Hub, auch Wiki oder Projektdatenbank genannt, gibt es weitere Maßnahmen, wie Austauschformate oder das Vorhandensein eines eigenen Research-Teams (IP 1,4). Ziel des Wissensmanagements ist es die Erkenntnisse, Unternehmensspezifika, Methoden und Vorgehensweisen sowie Ansprechpartner aus vergangenen und bestehenden Projekten zu dokumentieren und für folgende und ähnlich gelagerte Projekte verfügbar zu machen (IP 1,2,10). Ejenäs und Werr (2011) ergänzen, dass darin Zeit und Energie gesteckt werden sollte, um aus vorherigen Projekten zu lernen und Best Practices zu übernehmen. Außerdem wird dadurch das Wissen in der Organisation bewahrt (IP 12), was ein Vorteil der ICUs gegenüber externen Beratungen ist (Knödler et al., 2015, S. 7 f.).

Zusammenarbeit mit externen Beratungen
Um sich als Bereich und auch die eigenen Consultants weiterzuentwickeln, wurde auch die Zusammenarbeit mit externen Beratungen hervorgehoben. Ein Vorteil der Zusammenarbeit für ICUs besteht darin, dass sie von der Erfahrung, den Ressourcen und den Methoden externer Beratungen profitieren können. In allen befragten Organisationen sind neben dem Inhouse Consulting zusätzlich auch Externe in unterschiedlichen Zusammenarbeitsmodellen beauftragt. Diese reichen von der managenden, koordinierenden Rolle der ICU (IP 2,5,6,7) bis hin zur Übernahme der entwickelten Konzepte der externen Beratungen, um diese zu operationalisieren und in der Umsetzung zu begleiten (IP 9). Eine Zusammenarbeit kann auch dann sinnvoll sein, wenn ICUs allein nicht die Kapazitäten hätten, um ein Projekt zu

stemmen (IP 5,9). Ähnliche Ausführungen sind auch bei Chen et al. (2019) und von Ameln (2015b) zu lesen.

Andererseits wurde an dieser Stelle berichtet, dass Führungskräfte, besonders die mit eigener Beraterhistorie, externe Beratungen gegenüber der ICU bevorzugen (IP 12). Eine weitere Herausforderung bei der Zusammenarbeit mit Externen sind die unterschiedlichen Arbeitszeiten (IP 6).

Organisationsspezifisches Wissen
Den großen Vorteil den ICUs gegenüber den externen Beratungen haben, ist ihr Wissen über die Gesamtorganisation, ihre Strukturen, Prozesse, Zusammenhänge, Politik, Kultur und weitere Spezifika. ICUs haben dadurch ein ausgeprägteres Verständnis für das Kundenproblem und das Onboarding für neue Projekte ist schneller und unkomplizierter (IP 1,5,7,11). Dies bestätigen die Ausführungen von Knödler et al. (2015, S. 7 f.) sowie Büchsenschütz und Baumgart (2005, S. 29), wonach interne Berater sofort einsatzbereit sind, da sie bereits tief in die organisatorischen Prozesse eingebunden sind und die internen Netzwerke und Ressourcen effektiv nutzen können. Außerdem vereinfacht die Nutzung einer gleichen Systemlandschaft sowie der gleichen Prozesse die Zusammenarbeit mit den Kunden (IP 10). Auch der gleiche Arbeitsort, konkret die Gespräche in der Kaffee- oder Mittagspause helfen, Informationen über gerade geplante Projekte oder Herausforderungen in Bereichen zu sammeln, die im Stakeholdermanagement und in der Akquise genutzt werden können (IP 10). Dieses Wissen führt, dazu, dass bekannte Entscheidungsmechanismen genutzt werden und bessere Ergebnisse erzielt werden können, die vor allem für die Gesamtorganisation einen Mehrwert stiften (IP 9). Das Wissen sollte dabei sowohl in den Köpfen der Mitarbeiter als auch durch ein gut strukturiertes Wissensmanagement dokumentiert und jederzeit abrufbar sein. Hinzu kommt, dass durch das organisationsspezifische Wissen auch eine Koordination, Verzahnung und Vernetzung verschiedener Vorhaben und Projekte vorgenommen werden kann, die Synergien fördert und die bestehenden Transformationsprogramme synchronisiert (IP 3,5,6). Voraussetzung dafür ist, dass die ICU den Überblick über die Projektlandschaft hat, was beispielsweise dadurch gewährt werden kann, dass die ICU beim Procurement von externen Beratern unterstützt (IP 5). Auch ein gutes Stakeholdermanagement und Netzwerk kann helfen, diese Voraussetzung zu erfüllen. Dieser Zusammenhang wurde aber von keinem Interviewpartner ausgeführt. Es wurde lediglich der Nutzen des Stakeholdermanagements für die Akquise einzelner Projekte hervorgehoben. Diesen Erfolgsfaktor beschrieb die Mehrheit der Interviewpartner (10 von 12).

Die organisationale Nähe und das organisationsspezifische Wissen ermöglichen es ICUs, schnelle, passgenaue und nachhaltige Lösungen zu generieren (IP 10,12).

Fast die Hälfte der Interviewpartner (5 von 12) sieht zusätzlich einen großen Vorteil darin, dass ICUs dauerhaft und unkompliziert nach Übergabe von Projekten für Rückfragen zur Verfügung stehen, sich über den Implementierungsstand austauschen, ggf. auch den Fortschritt überprüfen und bei Bedarf jederzeit erneut unterstützen können. Dieser Vorteil interner Beratungseinheiten wurde auch von Grellmann et al. (2010, S. 125 ff.) sowie von Ameln (2015b, S. 7) angeführt.

Auf der anderen Seite kann das Schließen eines kurzfristigen Vertragsverhältnisses der langfristigen Begleitung von Veränderungen entgegenstehen (IP 12). In Summe fördert aber das organisationsspezifische Wissen der ICUs, die Erarbeitung der passenden Lösung sowie deren Umsetzung und somit effektiv zu sein.

Stakeholdermanagement
Für die Positionierung als verlässlicher und langfristiger Partner braucht es ein gutes Stakeholdermanagement. Der regelmäßige Austausch, die Etablierung von Routinen und die Pflege von Touchpoints mit den verschiedenen Stakeholdern sind unerlässlich, um ein tiefes Verständnis für deren Herausforderungen zu entwickeln sowie Kenntnis über die laufenden und geplanten Projekte zu haben (IP 1,4,9,12). Die Verantwortung für das Stakeholdermanagement liegt häufig bei Senior Consultants und Führungskräften auf höheren Ebenen (IP 1,3,5,6). Ein gut ausgebautes Netzwerk bis hin zur Vorstandsebene ist für erfolgreiche Projekte und Akquisen essenziell (IP1,4,5,6).

Um den Überblick über die vielfältigen Stakeholder zu behalten, setzen die befragten ICUs oft auf Maßnahmen wie Practice Groups und Stakeholder-Matrizen (IP 1). Diese Instrumente dienen der systematischen Erfassung relevanter Ansprechpartner, der Themen und des aktuellen Projektstatus und unterstützen so das Stakeholdermanagement in ähnlicher Weise wie das Key Account Management. Die beste Gelegenheit, um Beziehungen zu Stakeholdern aufzubauen, ist aber die Projektarbeit selbst (IP 1,9). Während der Projekte sollten regelmäßige Gespräche zwischen dem Projektteam und verschiedenen Ebenen der Kundenorganisation stattfinden, um sicherzustellen, dass alle Beteiligten eingebunden sind und aufkommende Fragen direkt adressiert werden können. Ein kundenorientierter Beratungsansatz, der auf Partizipation setzt, hilft, um die Kunden von den vorgeschlagenen Lösungen zu überzeugen und deren Zufriedenheit zu steigern (IP 6). Ein gelungenes Stakeholdermanagement sorgt insgesamt für Kompromissbereitschaft und Zielorientierung (IP 1,8). Neben einer klaren und adressatengerechten Kommunikation spielt auch das Alumni-Netzwerk eine wichtige Rolle im Stakeholdermanagement (IP 5). Viele Consultants wechseln irgendwann in Führungspositionen innerhalb des Konzerns.

Die Pflege dieser Kontakte kann sich als wertvoll erweisen, um langfristig erfolgreiche Geschäftsbeziehungen aufzubauen und für die relevanten Projekte angefragt zu werden.

4.2 Herausforderungen für die Effektivität im Inhouse Consulting

Die Herausforderungen des Inhouse Consultings ergeben sich häufig als Umkehrung der oben genannten Erfolgsfaktoren und wurden dort vereinzelt bereits aufgeführt. Im Folgenden werden einige nochmal ausführlich auf Basis der Antworten der Interviewpartner beschrieben.

Übergeordnet wurden zwei Herausforderungen für Inhouse Consulting Units benannt, die sich aus ihrer organisationalen Zugehörigkeit ergeben. Die Erste sind die organisationalen Rahmenbedingungen, an die sich das ICU halten muss (IP 6,8), beispielsweise Entgeltgrenzen, also die begrenzten Möglichkeiten gewisse Gehälter oder Gehaltserhöhungen oder Beförderungen zu gewähren (IP 2). Aber auch Einschränkungen in den Arbeitszeiten wurden angeführt (IP 10), wie beispielsweise die Notwendigkeit des Teilzeit-Angebotes, obwohl es in der Praxis des Projektalltages schwer abbildbar ist. Auch der zwangsweise Abbau von angefallenen Überstunden kann ein Hindernis sein, wenn dies das aktuelle Projekt zeitlich nicht erlaubt (IP 10). Galal et al. (2010, S. 21 ff.) sprechen in diesem Zusammenhang auch von einem Nachteil von ICUs in Bezug auf das Recruiting qualifizierter Mitarbeiter, da ihre Kapazitäten begrenzt sind und sie häufig nicht über die Ressourcen verfügen, um in der gleichen Weise in Weiterbildung, Wissensmanagement und Gehalt wie externe Beratungsfirmen zu investieren.

Um sich von diesem „Konzern-Korsett" (IP 10) bestmöglich zu befreien, sind die flexiblen, anpassungsfähigen und autonomen Strukturen wichtig, die oben bereits ausgeführt wurden. Eine komplette Entkopplung von der Gesamtorganisation ist nicht empfohlen, da dadurch die vielen Vorteile der organisationalen Eingebundenheit verloren gehen (IP 1, 2). Auch Ejenäs und Werr (2011, S. 21) führen dieses Spannungsfeld zwischen Autonomie und Eingebundenheit in ihrer Arbeit aus.

Die zweite zentrale Herausforderung ist, dass ICUs nicht auf dem freien Markt agieren und so ihre Größe und ihr Wachstum limitiert sind. Sie agieren in dem eben beschriebenen Konzernstrukturen und sind somit auch abhängig von der wirtschaftlichen Lage des Konzerns (IP 2,8). Es ist dabei nicht nur die absolute Größe der ICU beschränkt, sondern auch die Anzahl an Personen in gewissen

4.2 Herausforderungen für die Effektivität im Inhouse Consulting

Positionen. Chen et al. (2019, S. 72) liefern eine weitere Begründung für das begrenzte Wachstum. Demnach wechseln talentierte interne Berater oft nach einiger Zeit als Führungskräfte in die Mutterorganisation, was zu einem regelmäßigen Verlust an Know-how führt und die ICU daran hindert, eine kritische Größe zu erreichen. Die Mehrheit der Interviewpartner (7 von 12) beschreibt daher die fehlende Kapazität als größte Herausforderung (IP 1,3,4,5,6,8,10,11). ICUs sehen sich häufig mehr Anfragen gegenüber als sie Ressourcen haben (IP 4). Das Resultat ist, dass sie nur eine begrenzte Anzahl an Projekten bedienen können und klar priorisieren müssen (IP 1,12).

Auf der anderen Seite kann die fehlende Kapazität auch zu einem erhöhten Workload führen (IP 10). Auch Galal et al. (2010, S. 21) sehen darin negative Folgen, wie Überlastung und eine Verschlechterung der Beratungsqualität, insbesondere wenn die ICU gezwungen ist, Projekte anzunehmen, die außerhalb ihres Kompetenzbereiches liegen.

Parallel zur Quantität ist auch die Qualität des Personals ein entscheidender Erfolgsfaktor, aber gleichzeitig auch eine Herausforderung dies sicherzustellen. ICUs haben aufgrund ihres Serviceportfolios und der eingeschränkten Kapazitäten nicht für alle Themen die Kompetenz oder ihnen wird die Kompetenz von den potenziellen Auftraggebern nicht zugeschrieben (IP 8, 12). Mit der oben beschriebenen fehlenden Kompetenzzuschreibung kann eine fehlende Akzeptanz und Beauftragung einhergehen, die die Effektivität einschränkt. Teilweise werden externe Beratungen bevorzugt, weil deren Beauftragung als risikoärmer und attraktiver eingeschätzt wird (IP 4). Um diesem Problem entgegenzuwirken, versuchen einige ICUs prestigeträchtige Experten zu rekrutieren, um das Image aufzubessern und die Kompetenz zugeschrieben zu bekommen (IP 12).

Mögliche Gründe für die fehlende Kompetenzzuschreibung ist beispielsweise die Betriebsblindheit und fehlende externe Sicht (IP 2,5,8). Als Teil der Gesamtorganisation und ihrer Kultur besteht die Gefahr, dass die ICU Strukturen, Prozesse und Rahmenbedingungen übersehen oder absichtlich nicht verändern, da sie selbst davon profitiert. Außerdem hat die ICU, wie auch die externe Beratung, das Ziel wiederbeauftragt zu werden und somit den Kunden zufriedenzustellen, auch wenn das manchmal dem Mehrwert für die Gesamtorganisation und somit der Identifikation der besten Lösung sowie der offenen Kommunikation mit den Stakeholdern zuwiderläuft (IP 6). Von Ameln (2015b, S. 11) schreibt in seiner Ausarbeitung, dass durch die enge Einbindung interne Berater Gefahr laufen, die organisatorischen Prämissen und Perspektiven unreflektiert zu übernehmen, was zu einer reduzierten Innovationskraft und eingeschränkten Problemlösungsfähigkeiten führen kann. Dies bestätigt und ergänzt die Ausführungen der Interviewpartner. Um dieses Problem zu lösen, wurden Maßnahmen, wie Rotationen im Staffing oder die ständige Auseinandersetzung mit dem Marktgeschehen und externen Wettbewerbern vorgeschlagen (IP 2,6,12).

In diesem Kontext wurde von der Hälfte der Interviewpartner auch ergänzt, dass die fehlende externe Sicht eine zentrale Herausforderung des Inhouse-Consultings ist. Also der Zugriff auf Daten von Wettbewerbern für Benchmarking Projekte, aber auch allgemein auf ein Repertoire an gleichgelagerten Projekten bei unterschiedlichen Kunden zurückgreifen zu können, bleibt ICUs verwehrt. Für diese Herausforderung gibt es zwei potenzielle Lösungen, eine wurde weiter oben schon beschrieben, nämlich über die Zusammenarbeit mit Externe nach und nach diese Expertise aufzubauen und sich eine externe Sicht dazuzuholen, ohne dabei das Projekt komplett an die externe Konkurrenz zu verlieren. Eine zweite Option ist, einen Teil seines Geschäftes auch für den externen Markt anzubieten, was aktuell nur eine der befragten ICUs nutzt (IP 1).

Mit der Betriebsblindheit wurde teilweise auch das Thema Neutralität angesprochen, also sind die Consultants auch durch andere Faktoren in ihrer Wahrnehmung und Arbeit beeinflusst, beispielsweise durch den Vorstand. Hier hängt es stark von der Zielsetzung des ICU ab, ob dies als Herausforderung anzusehen ist.

Insgesamt beeinflussen die Herausforderungen der fehlenden Kapazitäten und Kompetenzen primär die Quantität und Qualität des Personalkörpers der ICUs und somit indirekt ihre Effektivität. Die Herausforderung der Betriebsblindheit und auch der fehlenden Neutralität schränkt direkt die Effektivität der internen Beratung ein, indem die Identifikation der besten Lösung dadurch erschwert wird.

Fazit 5

Diese Arbeit untersucht zwei zentrale Forschungsfragen: Erstens, welche Erfolgsfaktoren entscheidend für die Effektivität von Inhouse Consulting Units (ICUs) in deutschen Großunternehmen sind und welche Gestaltungselemente diese Faktoren fördern. Zweitens, mit welchen Herausforderungen und Grenzen ICUs konfrontiert sind und wie sich diese auf ihre Effektivität auswirken.

Effektivität wurde dabei anhand von vier Kriterien definiert. Eine Inhouse Consulting Unit ist demnach effektiv, wenn sie die relevanten Projekte der Gesamtorganisation begleitet und dort passende, umsetzbare Lösungen erarbeitet, die einen Mehrwert für die Gesamtorganisation haben, zur Zielerreichung des Projektes führen und die Kunden zufriedenstellt. Um dies zu erreichen sind acht Erfolgsfaktoren identifiziert worden, welche wiederum durch die Wahl verschiedener Gestaltungselemente gefördert werden.

Die Effektivität der ICU hängt stark von der Fähigkeit ab, die identifizierten Herausforderungen zu bewältigen und sich trotz interner Einschränkungen erfolgreich zu positionieren. Dies gilt sowohl für den internen Markt zur Projektakquise als auch für den Bewerbermarkt zur Rekrutierung ausreichender qualifizierter Mitarbeiter. Wichtig ist dabei insgesamt eine gute Abstimmung zwischen den Bedürfnissen der Gesamtorganisation als Kunden sowie den Gestaltungselementen und den Zielen der ICU.

5.1 Zusammenfassung und Implikationen für die Praxis

Zusammenfassend lassen sich aus den Interviews sowie der Literatur acht zentrale Erfolgsfaktoren für das Inhouse Consulting definieren, die durch die Wahl der verschiedenen Gestaltungselemente erreicht werden können. In Abb. 5.1 sind die oben beschriebenen Zusammenhänge zwischen den Erfolgsfaktoren (grüne Kästchen), den Gestaltungselementen (graue Kästchen) und den Effektivitätskriterien (weiße Kästchen) und ihren angenommenen Wirkungsrichtungen dargestellt. Aus den Zusammenhängen und den Ausführungen der Interviewpartner bzgl. ihrer Tipps für andere ICUs lassen sich wiederum zehn Implikationen für die Praxis ableiten, die die Erfolgsfaktoren hervorrufen und indirekt die Effektivität der ICU steigern und deren langfristigen Erfolg sichern:

1. Organisationale Verankerung als eigene Tochtergesellschaft
2. Verrechnung nach dem Profit Center Modell
3. Eingegrenztes, fokussiertes Serviceportfolio
4. Priorisierung nach den Kriterien Mehrwert für die Gesamtorganisation und die ICU sowie die Ablehnung bzw. Depriorisierung von Themen, die außerhalb des Serviceportfolios liegen
5. Staffing mit Fokus auf die Entwicklung der Mitarbeiter bei gleichzeitiger Qualitätssicherung
6. Personalentwicklung: Ausgeprägtes Weiterbildungsangebot mit Guidance (ggf. in Form von Entwicklungspfaden)
7. Institutionalisierung der Zusammenarbeit mit externen Beratungen
8. Strukturierter, schneller Recruitingprozess, der durch die ICU selbst verantwortet wird, um prestigeträchtige Experten zu rekrutieren
9. Business Development: Regelmäßige Reflexion der eigenen Wirksamkeit, Strukturen und Prozesse sowie Produktentwicklung anhand der Marktgeschehnisse und des Kundenfeedbacks
10. Strukturiertes Wissensmanagement

Übergreifend sollte eine Organisation einen klaren Zweck und Ziele für ihre Inhouse Consulting Unit definieren, die zur Gesamtstrategie passen und vom Top-Management unterstützt werden. Denn der Zweck und die Ziele sind die Grundlage für alle weiteren Entscheidungen zu den Gestaltungselementen und legen den Grundstein dafür, wie die ICU einen Mehrwert für die Gesamtorganisation schafft und wie autonom sie agieren kann. In regelmäßigen Abständen sollten die Entscheidungen und Ziele hinterfragt und bei Bedarf gemeinsam mit

5.1 Zusammenfassung und Implikationen für die Praxis

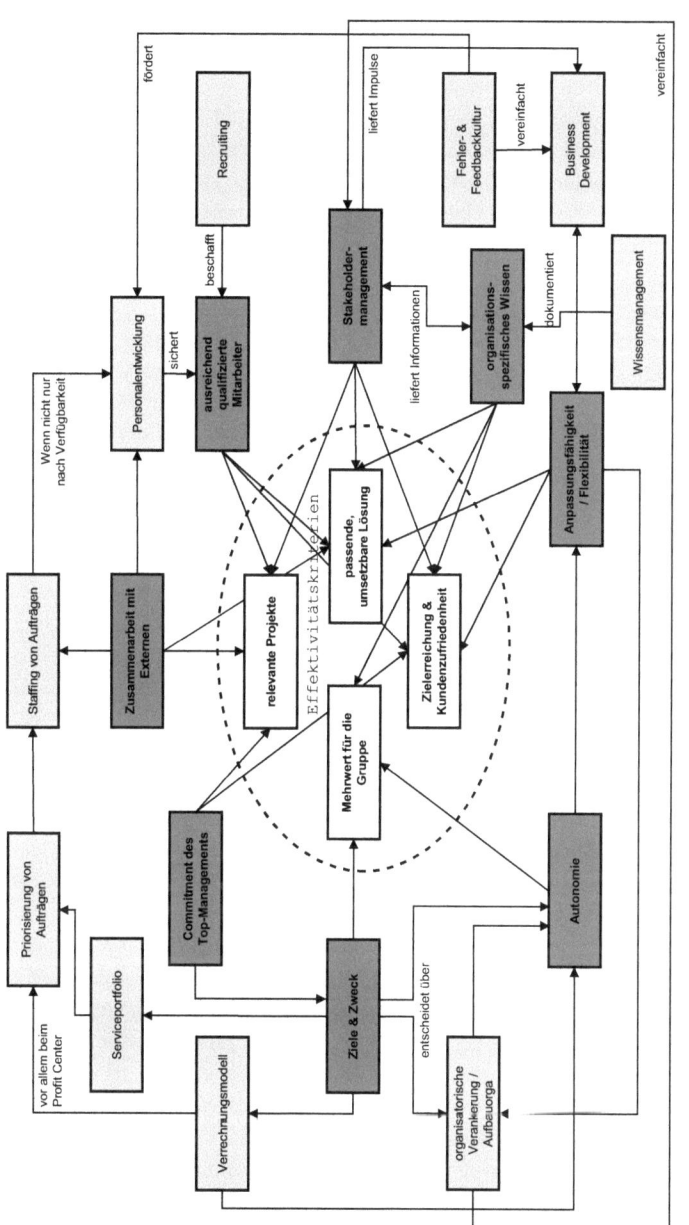

Abb. 5.1 Zusammenhänge zwischen den Gestaltungselementen, Erfolgsfaktoren und den Effektivitätskriterien

dem Top-Management angepasst werden, um dessen Commitment zu gewährleisten. Das Commitment des Top-Managements hilft darüber hinaus, dass die ICU für relevante Projekte beauftragt wird.

Aus dem Zweck und den Zielen sollte anschließend ein klares Serviceportfolio (3.) abgeleitet werden, dass die Expertise des ICUs klar hervorhebt und stark an den Kundenbedürfnissen und Marktgegebenheiten orientiert ist. Dieses Serviceportfolio sollte dann als klare Leitlinie für die Annahme von Aufträgen und die Priorisierung dieser sein. Anfragen, die außerhalb des abgesteckten Kompetenzbereiches sollten in der Regel abgelehnt werden (4.).

Die Überprüfung der Relevanz des Serviceportfolios wird häufig implizit vorgenommen, wenn die ICU als Profit Center (2.) organisiert ist. Denn das fördert nicht nur unternehmerisches Denken, sondern zeigt auch auf, wann Veränderungen im eigenen Bereich nötig sind. Gehen die Anfragen und Auslastungsraten zurück, ist dies oft ein Indikator dafür, dass das Serviceportfolio nicht mehr die für die Kunden passenden Leistungen enthält. Auf der anderen Seite nimmt das Profit Center Modell dem ICU bei Kostendeckung den Argumentationsdruck gegenüber dem eigenen Management. Es schafft somit Autonomie, die einen großen Erfolgsfaktor darstellt und auch in der organisatorischen Verankerung, der Aufbauorganisation beachtet werden sollte, um der ICU absolute Gestaltungs- und Prozessfreiheit zu gewähren. Um die Autonomie weiter zu maximieren, sollte die ICU als Tochtergesellschaft in der Gesamtorganisation positioniert werden (1., in Anlehnung an Ejenäs & Werr, 2011, S. 21 f.).

Neben den Strukturen sollte der Fokus auf dem Personal als wichtigsten Faktor liegen. Die Qualität und Quantität des Personalkörpers sorgt sowohl dafür, dass die ICU alle relevanten Projekte bedienen kann, als auch durch die Expertise die passenden, umsetzbaren Lösungen findet und die Projektziele erreicht und die Kundenzufriedenheit erhöht. Hierbei sollte neben einem schnellen, strukturierten und selbstverantworteten Recruiting (8.) vor allem das Weiterentwicklungsangebot (6.) und das Wissensmanagement die Wettbewerbsfähigkeit der ICU sicherstellen. Beim Wissensmanagement (10.) kommt es neben dem Tool vor allem darauf an, dass die Pflege dieser Datenbank als Mehrwert wahrgenommen wird und die Personen dafür Anerkennung erhalten. Insgesamt geht es darum, den zentralen Wettbewerbsvorteil der ICUs, nämlich ihr organisationsspezifisches Wissen zu operationalisieren, zu sichern und in der ICU als auch in der Gesamtorganisation an den richtigen Stellen wieder zu verteilen. Wenn einer ICU das gelingt, ist das der wesentliche Erfolgsfaktor und Effektivitäts- sowie auch Effizienztreiber, da Einarbeitungszeiten reduziert, Synergien geschaffen und passgenau Lösungen generiert werden können.

5.1 Zusammenfassung und Implikationen für die Praxis

Um dies gewährleisten zu können, ist die Weiterentwicklung der eigenen Consultants nötig. Weiterbildungsangebote wie Coaching, Trainings und Seminaren sowie learning on the job in spannenden Aufträgen und die Unterstützung der Mitarbeiter bei der Auswahl des richtigen Angebotes (6.) sind hierbei von großem Wert. Wie die Unterstützung aussieht, ist individuell zu gestalten. Mögliche Optionen sind Gespräche mit den Führungskräften, definierten People Leads oder Mentoren Aber auch der HR-Bereich kann durch die Festlegung von transparenten Lernpfaden und Entwicklungsplänen sowie als Sparringspartner unterstützen. Für mehr Guidance bietet sich die Festlegung eines Budgets in Tagen oder Euro an sowie ein entwicklungsorientiertes Staffing (5.).

Eine weitere Möglichkeit zur Weiterentwicklung beizutragen und den Herausforderungen der ICU, wie beispielsweise fehlende Kapazitäten und fehlende externe Sicht, zu minimieren, ist die Institutionalisierung der Zusammenarbeit mit externen Beratungen (7.). Hierbei sollten verschiedene Kooperationsmodelle ausprobiert werden, in denen die ICU von den externen Beratungen lernen und eine externe Perspektive einholen kann.

All diese Gestaltungselemente sollten regelmäßig reflektiert werden, um die eigene Wirksamkeit zu hinterfragen und bei Bedarf Strukturen, Prozesse sowie Services anzupassen (9., in Anlehnung an Knödler et al., 2015, S. 12). Um diese Weiterentwicklung nicht zu vernachlässigen, sollte ein Teil der Utilization Rate der Consultants dafür eingeplant werden. Das Business Development stellt übergreifend die Wettbewerbsfähigkeit der ICU sicher und sorgt dafür, dass der Herausforderung der fehlenden Kompetenzzuschreibung entgegengewirkt wird.

Zusammenfassend geht es strukturell darum Autonomie und Gestaltungsfreiheiten für die ICU zu schaffen bei gleichzeitiger Anbindung an die Gesamtstrategie der Organisation, um die Nähe zu den Stakeholdern und ihren Herausforderungen nicht zu verlieren. In der Praxis gibt es darüber hinaus aber auch verschiedene Aspekte, die die Umsetzung der beschriebenen Handlungsempfehlungen beschränken können. Ein fehlendes Commitment des Top-Managements kann nicht nur die Definition eines Zweckes sowie von Zielen erschweren, sondern auch deren Umsetzung und die Akquise von Projekten. Außerdem beschränkt das in den Herausforderungen beschriebene Konzernkorsett häufig die Flexibilität und Anpassungsfähigkeit der ICUs, weshalb sie ihre Prozesse und Strukturen nicht frei gestalten können. Auch andere Stakeholderinteressen könnten diese Gestaltungsfreiheit einschränken. Die Autonomie ist aber die Grundvoraussetzung für die Umsetzung der oben beschriebenen Handlungsempfehlungen.

Die Sinnhaftigkeit und Wirksamkeit der ausgeführten Gestaltungselemente ist darüber hinaus stark von den allgemeinen Konzernstrukturen und vom Ziel und Zweck der ICU abhängig. Allein die Stichprobe hat gezeigt, wie unterschiedlich

Großunternehmen von ihrer Struktur, ihren Themen und Herausforderungen sind, was sich auch in der heterogenen Gestaltung der ICUs niederschlägt. Des Weiteren braucht es bestimmte Ressourcen, um eine ICU zu unterhalten, die in der vorliegenden Arbeit nicht beleuchtet wurden. Es braucht vor allem Budget für die Rekrutierung und Weiterbildung der Consultants. Zusammenfassend sollten ICUs primär nach Autonomie und Flexibilität streben, um sich bestmöglich an die sich ändernden Rahmenbedingungen anpassen zu können und wettbewerbsfähig zu bleiben. Das bedeutet auch ständig eigene Veränderungsprozesse zu durchlaufen. Es kommt somit nicht auf die exakte Umsetzung bestimmter Gestaltungselemente an, sondern darum flexible Strukturen und Prozesse zu schaffen, die Autonomie fördern und die Quantität und Qualität des Personals sicherstellen.

5.2 Limitationen der Studie und Ausblick

Die vorliegende Studie weist mehrere Limitationen auf, die die Generalisierbarkeit der Ergebnisse einschränken.

Erstens führt die geringe Stichprobengröße, kombiniert mit der qualitativen Methodik, zu einer beschränkten Übertragbarkeit der Erkenntnisse (Merriam & Tisdell, 2009, S. 73 ff.). ICUs sind durch ihre Heterogenität in Bezug auf Branchenfokus, Zielsetzungen und Beratungsansätze gekennzeichnet, was eine präzise Analyse erschwere.

Zweitens basieren die Ergebnisse auf Experteninterviews, die lediglich Momentaufnahmen darstellen. Zwar deuten einige Erfolgsfaktoren auf eine gewisse Stabilität hin, da sie sowohl in der Literatur als auch in den Interviews konsistent benannt wurden, dennoch bleibt das Risiko zeitlich begrenzter Erkenntnisse bestehen (Flick, 2022, S. 474 f.).

Drittens könnten sozial erwünschte Antworten die Datenqualität eingeschränkt haben, da die Interviewfragen vornehmlich positive Effekte der Gestaltungselemente fokussierten.

Zukünftige Studien könnten diese Limitationen adressieren, indem sie klar definierte Effektivitätskriterien einführen, um die Vergleichbarkeit der Ergebnisse zu erhöhen. Die Anpassung des Fragebogens sollte zudem darauf abzielen, sowohl positive als auch negative Einflüsse der Gestaltungselemente auf die Effektivität zu erheben und so die Gefahr sozial erwünschter Antworten zu minimieren. Eine vielversprechende Erweiterung wäre die Durchführung quantitativer Studien, um die in dieser Arbeit identifizierten Zusammenhänge zwischen Gestaltungselementen, Erfolgsfaktoren und Effektivitätskriterien zu validieren und deren Stärke zu bestimmen.

5.2 Limitationen der Studie und Ausblick

Insgesamt verdeutlicht diese Studie die Notwendigkeit einer stärkeren methodischen Fokussierung sowie einer differenzierten Betrachtung von Effektivität und Effizienz, um belastbare Erkenntnisse für das Inhouse Consulting zu gewinnen.

Was Sie aus diesem *essential* mitnehmen können

- Einen Überblick über die Erfolgsfaktoren und Herausforderungen des Inhouse Consultings.
- Eine Darstellung des Zusammenhangs von Erfolgsfaktoren und Gestaltungselementen von Inhouse Consulting Units.
- Die Sinnhaftigkeit und Wirksamkeit der identifizierten Gestaltungselemente ist stark von den allgemeinen Konzernstrukturen und vom Ziel und Zweck der Inhouse Consulting Units abhängig.

Literatur

Ashforth, B. E., & Mael, F. (1989). Social identity theory and the organization. *Academy of Management Review, 14*(1), 20–39. https://doi.org/10.5465/amr.1989.4278999.

Bamberger, I., & Wrona, T. (2012). Konzeptionen der strategischen Unternehmensberatung. In I. Bamberger & T. Wrona, *Strategische Unternehmensberatung: Konzeptionen – Prozesse – Methoden* (6. Aufl., S. 1–45). Gabler Verlag. https://doi.org/10.1007/978-3-8349-3772-8.

Bernholz, M., & Teng, A. (2015). Why and How to Build an In-House Consulting Team. *Harvard Business Review Digital Articles*, 2–5.

Block, P. (1997). *Erfolgreiches Consulting – Das Berater Handbuch.* Heyne.

Büchsenschütz, A., & Baumgart, K. (2005). Quo vadis Inhouse Consulting? Strategische Erfolgsfaktoren interner Unternehmensberatungen. Arbeiten mit Managementberatern. In A. Petmecky & T. Deelmann (Hrsg.), *Arbeiten mit Managementberatern* (S. 25–35). Springer.

Chen, J., Williams, C., & Tran, T. S. (2019). Internal Consulting Units: A Flexible Friend? *Management Consulting Journal, 2*(2), 65–74. https://doi.org/10.2478/mcj-2019-0011.

Deelmann, T., & Petmecky, A. (2012). Inhouse Consulting – Abgrenzung, Umfeld und Organisation interner Unternehmensberatungen. In I. Bamberger & T. Wrona (Hrsg.), *Strategische Unternehmensberatung: Konzeptionen—Prozesse—Methoden* (6. Aufl., S. 155–181). Gabler Verlag. https://doi.org/10.1007/978-3-8349-3772-8_6.

Ejenäs, M., & Werr, A. (2011). Managing internal consulting units: challenges and practices. *SAM Advanced Management Journal, 76*(2), 14–46.

Ennsfellner, I., Bodenstein, R., & Herget, J. (2014). Exzellenz in der Unternehmensberatung. *Springer Fachmedien Wiesbaden.* https://doi.org/10.1007/978-3-658-01463-6.

Fink, D. (2009). *Strategische Unternehmensberatung.* Vahlen.

Flick, U. (2022). *An introduction to qualitative research* (7. Aufl.). SAGE Publications.

Galal, K., Richter, A., & Steinbock, K. (2009). Inhouse Consulting: Der dritte Weg zwischen Management und externer Beratung? Eine Bestandsaufnahme. *Zeitschrift Führung + Organisation – zfo, 78*, 283–289.

Galal, K., Richter, A., & Steinbock, K. (2010). Inhouse-Beratung in Deutschland – Ergebnisse einer empirischen Studie. In A. Moscho & A. Richter (Hrsg.), *Inhouse-Consulting in Deutschland: Markt, Strukturen, Strategien* (S. 11–30). Gabler.

Grellmann, K., Heil, G., & Samaties, P. (2010). Inhouse-Consulting – Wettbewerbsvorteil für Großkonzerne. In A. Moscho & A. Richter (Hrsg.), *Inhouse-Consulting in Deutschland: Markt, Strukturen, Strategien* (S. 112–136). Gabler.

Hastreiter, G. (2023). Inhouse Consulting auf der Erfolgsspur. *Changement, 9*, 36–39.

Hoyer, H. (2000). Internes Consulting in Deutschland – Ergebnisse einer Marktuntersuchung. In C. Niedereichholz (Hrsg.), *Internes Consulting: Grundlagen – Praxisbeispiele – Spezialthemen* (S. 55–81). Oldenbourg.

Jescke, K. (2004). *Marketingmanagement der Beratungsunternehmung*. Deutscher Universitätsverlag.

Klein, L. (2002). Beyond Corporate Consulting – Vier Optionen zur Zukunft interner Beratung am Beispiel der DaimlerChrysler AG. In M. Mohe, H.J.Heinecke, & R. Pfriem (Hrsg.), *Consulting – Problemlösung als Geschäftsmodell – Theorie, Praxis, Markt* (S. 357–374). Klett-Cotta.

Knödler, D., Degen, S., & Benath, K. (2015). *Interne Unternehmensberatung – Ein Beitrag zur Innovationsfähigkeit: Möglichkeiten, Grenzen und Kontext reflexiver Beratung*. TU Dresden.

Lippold, D. (2018). *Die Unternehmensberatung* (3. Aufl.). Springer Gabler. https://doi.org/10.1007/978-3-658-21092-2.

Lippold, D. (2022). *Einführung in das Consulting: Strukturen – Trends – Geschäftsmodelle*. De Gruyter Oldenbourg.

Maaßen, H. (2005). Interne Managementberatungen zwischen Baum und Borke? In W. Kirsch, D. Seidl, & M. Linder (Hrsg.), *Grenzen der Strategieberatung — Eine Gegenüberstellung der Perspektiven von Wissenschaft, Beratung und Klienten* (S. 151–166). Haupt.

Maier, A. (o. J.). *Was ist... VUKA*. https://www.hss.de/fileadmin/user_upload/HSS/Dokumente/Factsheets_Digitale_Welt/Factsheet_VUCA.pdf. Zugegriffen: 17. März 2025.

Mayring, P. (2022). *Qualitative Inhaltsanalyse: Grundlagen und Techniken* (13. Aufl.). Beltz.

Merriam, S. B., & Tisdell, E. J. (2009). *Qualitative research in practice: A guide to design and implementation*. Jossey-Bass.

Mey, G., & Mruck, K. (Hrsg.). (2020). *Handbuch Qualitative Forschung in der Psychologie: Band 1: Ansätze und Anwendungsfelder* (2. Aufl.). Springer. https://doi.org/10.1007/978-3-658-18234-2.

Niedereichholz, C., & Niedereichholz, J. (2010). *Inhouse Consulting*. Oldenbourg.

Nissen, V. (2007). Consulting Research. Eine Einführung. In V. Nissen (Hrsg.), *Consulting Research. Unternehmensberatung aus wissenschaftlicher Perspektive* (S. 3–38). Gabler.

Pichler, M. (2011). Inhouse Consulting bringt's. *wirtschaft&weiterbildung, 20*(9), 20–25.

Schawel, C., & Billing, F. (2014). Profit, service und cost center. In C. Schawel & F. Billing (Hrsg.), *Top 100 Management Tools: Das wichtigste Buch eines Managers. Von ABC-Analyse bis Zielvereinbarung* (S. 207–209). Gabler. https://doi.org/10.1007/978-3-8349-4691-1_69.

Scheepers, D., & Ellemers, N. (2023). Theorie der sozialen Identität. In K. Sassenberb & M. L. W. Fliel (Hrsg.), *Sozialpsychologie: Von der Theorie zur Anwendung* (S. 141–157). Springer.

Schlüter, H. (2009). *Interne Beratung durch den Controllerbereich*. Gabler.

Schmidt, L., Brandt, N., & Ahlers, F. (2000). Inhouse-Consulting in der betrieblichen Praxis. Ergebnisse einer Befragung. *Zeitschrift Führung + Organisation, 69*(5), 260–267.

Literatur

Vogt, S., & Werner, M. (2014). *Forschen mit Leitfadeninterviews und qualitativer Inhaltsanalyse*. FH Köln.

von Ameln, F. (2015a). Interne Beratung. Gruppendynamik und Organisationsberatung, 46(1), 1–3. https://doi.org/10.1007/s11612-015-0275-5.

von Ameln, F. (2015b). Interne Beratung – Gegenwart und Zukunft Ein Plädoyer für interne Beratung als Schlüsselelement der Wandlungsfähigkeit von Organisationen. *Gruppendynamik und Organisationsberatung,* 46(1), 5–21. https://doi.org/10.1007/s11612-015-0269-3AbbVie.

If you have any concerns about our products,
you can contact us on
ProductSafety@springernature.com

In case Publisher is established outside the EU,
the EU authorized representative is:
Springer Nature Customer Service Center GmbH
Europaplatz 3, 69115 Heidelberg, Germany

Printed by Libri Plureos GmbH
in Hamburg, Germany